CE QUE RÉVÈLENT VOS GRIBOUILLIS

Du même auteur :

COMPRENEZ VOTRE ENFANT PAR SES DESSINS
Éditions Sand

LA GRAPHOLOGIE AUTREMENT
Éditions Jacques Grancher (épuisé)

LA GRAPHOLOGIE, CARACTÈRE, PERSONNALITÉ, COMPORTEMENT
Guy Trédaniel Éditeur

LA SIGNATURE OU L'INTIMITÉ DÉVOILÉE
Guy Trédaniel Éditeur

ISBN 2-7029-0461-0

Sylvie Chermet-Carroy

CE QUE RÉVÈLENT VOS GRIBOUILLIS

Le Courrier du Livre
21, rue de Seine
75006 Paris

INTRODUCTION

INTRODUCTION

LES GRIFFONNAGES s'exécutent sans y penser. Ils prennent forme machinalement. Ils naissent au cours d'une réunion, lors d'une attente ou d'une discussion au téléphone. À l'école comme au bureau, on les découvre au détour d'une page, sur un bloc-notes ou un agenda. On les trace sans préméditation. Selon le cas, ils enjolivent, ils agrémentent ou ils noircissent le support qui les reçoit. Pour certaines personnes, ils sont habituels, inévitables, systématiques. Pour d'autres, ils sont rares, sporadiques, voire exceptionnels.

On les dessine en toute liberté. À l'encontre des graffitis dont le but est d'être vus, les gribouillages sont entrepris pour soi-même. Ils ne sont pas destinés à une personne ni prévus pour durer. Celui qui les trace donne libre cours à son imaginaire. Il libère son geste sans intention particulière. Celui-ci répond avant tout à une pulsion.

Le terme "gribouiller" a souvent une signification un peu péjorative, sans doute parce qu'il suggère quelque chose d'informe. Griffonner, qui signifie écrire mal ou d'une manière illisible, et par extension dessiner grossièrement, évoque un aspect plus élaboré. On dit "mettre sa griffe" ce qui rappelle l'identité d'une signature. Si le griffonnage comporte, par son étymologie, un aspect plus personnel dans sa production graphique que le gribouillis, les deux termes seront utilisés dans cet ouvrage, sans chercher à les distinguer l'un de l'autre. Leur similitude permet de les considérer comme synonymes.

Certains gribouillent uniquement pour calmer leur impatience ou lorsqu'ils s'ennuient, par exemple dans un moment d'attente au téléphone. D'autres crayonnent pour se concentrer, pour trouver des idées. Les motifs qui sont simples au départ, se transforment parfois en formes structurées ou en volutes qui envahissent les espaces libres.

Mécaniques en apparence, ces tracés recèlent cependant des états fort différents : ils procurent de l'évasion, un bien-être. Ils libèrent des tensions, de l'agacement, de la colère (certains crayonnages déchirent le papier). Ils alimentent l'imaginaire. Un dessin en fait naître un autre, parfois jusqu'à une construction complexe qui n'a rien à voir avec l'intention du départ. Loin d'être anodins, les gribouillis révèlent la personnalité.

Chez une même personne, les formes qui sont exécutées évoluent au cours de la vie. Dans les périodes d'anxiété, les tracés ne sont pas les mêmes que dans les périodes d'euphorie. Cependant, il arrive qu'une représentation demeure fidèle à elle-même tout au cours de l'existence. Elle est présente comme un leitmotiv ou comme une obsession. Dans ce cas, son symbolisme peut être une clé pour éclairer la personnalité.

Analyser les gribouillis comporte une part de défi car ces derniers ne répondent à aucun code ni à aucune volonté consciente. Cela implique de tenir compte d'un ensemble de facteurs. Ces productions graphiques sont au cœur de la symbolique du geste car elles sont spontanées et n'obéissent à aucune règle d'esthétique ni de mise en page. Elles sont à la rencontre de la pulsion et de la mise en forme. Pulsion car celui qui griffonne le fait spontanément. Certaines personnes affirment ne pas pouvoir s'en dispenser. Quant à la mise en forme, celle-ci est par nature variable, imprévisible, agressive ou délicate, sans barrière et sans obligation. Que les représentations qui en résultent soient abstraites ou figuratives, elles procurent une détente. Elles sont impulsives et toujours personnelles. C'est leur aspect spécifique, unique, inventif qui révèle la personnalité.

Certaines formes essentielles donneront une base à l'interprétation, qu'il s'agisse de la qualité du trait, de l'utilisation de l'espace, des préférences pour des formes pointues ou courbes. On notera particulièrement les éléments répétitifs qui sont porteurs de sens.

On tiendra compte d'une constellation de représentations pour une même personne, par exemple des formes abstraites associées à d'autres qui sont figuratives, des carrés avec des fleurs, des animaux et des personnages.

Par ailleurs, il serait réducteur de vouloir répertorier les différents types de griffonnages. Même si ce découpage apparent est nécessaire pour présenter cette étude, chaque cas est unique. Il convient d'associer l'analyse du "dessin" à un contexte, parfois à une période difficile ou au contraire euphorique. Ces circonstances modifient sensiblement la teneur de l'interprétation en mettant en valeur des caractéristiques qui ne sont pas persistantes mais ponctuelles. Il n'empêche qu'une représentation même fortuite est porteuse d'une signification. Cependant quelques précautions sont nécessaires pour éviter de systématiser l'interprétation dans un domaine qui représente un univers intérieur fluctuant.

Pour comprendre la symbolique du geste, différents types de recherches sollicitent la réflexion. Depuis les temps les plus reculés, l'être humain a tracé des marques dans les cavernes, sur des mégalithes, sur des objets. Qu'est-ce qui pousse l'homme à dessiner ? Existe-t-il un point commun qui serait sous-jacent aux dessins de la préhistoire et à ceux d'aujourd'hui ? Indépendamment de l'aspect esthétique, il n'est pas exclu qu'un fil conducteur parcoure les époques et apporte un éclairage sur ces interrogations.

Cercles, carrés, spirales, ont jalonné les civilisations et les époques. Ce sont également les premières figures présentes dans les dessins d'enfant. Les agencements abstraits ou les images concrètes d'objets, d'animaux ne sont pas anodins. Le dessin d'une araignée n'évoque pas le même sentiment que celui d'une fleur ou d'une étoile. Quelle signification se rattache à ces représentations ? L'analyse des griffonnages se situe aux confins de la psychologie, de la graphologie et du symbolisme. Cette aventure, pour celui qui dessine comme pour celui qui décrypte, est un parcours qui traverse des zones d'ombre, d'humour, d'émotion et parfois d'ouverture sur les fondements de l'âme.

L'ARCHAISME DES FORMES

L'ARCHAÏSME DES FORMES

D'OÙ VIENT le geste qui nous pousse à effectuer un marquage, à laisser une trace graphique ? Puisqu'il n'y a pas d'intention spécifique dans le gribouillage, quelles en sont les racines ? Existe-t-il un processus particulier, un ordre dans la formation et l'élaboration des dessins ?

Lorsqu'on observe les productions graphiques d'adultes et d'adolescents, des gribouillis les plus infimes aux agencements les plus sophistiqués, on remarque deux dominantes. Certaines formes comportent une géométrie. Elles se rattachent les unes aux autres par une structure. L'ensemble prend allure de construction. D'autres, au contraire, se composent d'élargissement et d'étalement informe, sans géométrie apparente ou se caractérisent par des traces disséminées. Les dessins flottent un peu dans tous les sens.

Pourtant malgré les disparités extrêmes, un point commun se retrouve fréquemment : le geste répond à un rythme. La main est emportée dans des volutes ou des crayonnages plus ou moins répétitifs. C'est sans doute parce qu'il n'y a pas d'obligation, pas de ligne à suivre, ni de code à respecter, que ce mouvement spontané libère un rythme personnel.

La sensualité est présente dans le griffonnage. Une part de jeu, une notion de plaisir entrent en ligne de compte. Se laisser aller, suivre des envolées sans contrainte, sous-tendent le geste. La rythmique est en général plus facilement décelable dans les dessins abstraits que dans les dessins figuratifs. Cela s'exprime par exemple, par des alternances répétitives ou par des parallèles, des espacements systématiques qui jalonnent les dessins. Vaguelettes, ondulations, frises en font partie, de même les séries de bâtons, d'obliques ou d'escaliers.

L'enfant en bas âge, dès quinze mois environ, ressent un plaisir intense à laisser une trace sur le papier. Sa main donne libre cours à des formes qui naissent d'un seul jet. Qu'observe-t-on en premier lieu ? Des formes saccadées faites sans lever de main, des traits qui partent du haut de la feuille pour descendre d'un seul tenant. Le geste, tout d'abord en extension, ramène ensuite la main vers soi. Il s'effectue sur un mode répétitif. Ensuite naît un mouvement sinueux, avec des sortes d'ondulations. Puis apparaît la spirale que l'enfant trace à loisir, et enfin le cercle. Ce processus est observable chez les enfants du monde, quelle que soit leur culture.

Le carré est déjà plus élaboré et plus complexe. Il ne fait pas partie des gestes spontanés, de même la ligne droite qui demande un effort et une discipline. Dans son analyse du graphisme des tout-petits, Marthe Bernson, psychologue, considère même que « tracer une ligne absolument droite n'est pas naturel à l'être humain. Le trait rectiligne, à cause de notre constitution physiologique osseuse, et spécialement à cause de la structure très compliquée de nos articulations, ne s'acquiert que petit à petit, par des efforts volontaires répétés ». Privilégier dans nos griffonnages, des formes souples ou au contraire droites et anguleuses, n'est donc pas anodin. Nous en tiendrons compte.

Dans un premier temps, le geste de tracer, avant même de dessiner, s'exprime sur un mode spontané. Il n'est pas réfléchi. Pourtant il n'en est pas moins porteur de sens. D'après Varenka et Olivier Marc, psychanalystes, les premiers dessins des enfants, reproduisent tels des sismographes, les rythmes biologiques de l'univers. Ils répondent à une pulsion et sont tracés d'un seul jet avant d'être de plus en plus élaborés. Dans cet élan premier, ils manifestent les principes de la vie. Ils retracent la division de la cellule, le processus de la reproduction, de la croissance, les conditions prénatales. C'est une sorte de mémoire cellulaire qui est ainsi dessinée. Elle est tracée spontanément avec des constantes que l'on retrouve dans les dessins des enfants du monde entier.

Les spirales en particulier, présentes dans les dessins dès l'âge de trente mois, évoquent le mouvement cosmique, l'univers en expansion. Pour ces deux auteurs, l'enfant est porteur d'une connaissance qui relate le patrimoine

FIG. 1 – *Victor Hugo fit un jour un griffonnage tandis qu'il argumentait dans une discussion qui lui tenait à cœur. La compagnie se répandit en admiration et dès lors son auteur prit son talent plus au sérieux paraît-il. Il expérimenta ensuite avec des taches d'encre comme celle-ci.*

de l'humanité depuis la préhistoire. Les premières formes que les enfants dessinent racontent l'évolution et les rythmes qui sont à l'origine de la vie.

L'aube de l'humanité qui a vu naître les premières peintures, nous apporterait-elle un éclairage ? Si les grottes préhistoriques étonnent par des gravures rupestres sobres ou élaborées, il ressort que c'est toujours le rythme qui est à l'origine du dessin. André Leroi-Gourhan, préhistorien, remarque que 35 000 ans avant notre ère sont apparues des lignes rythmées avant tout autre tracé.

Avec la notion de rythme, nous sommes aux confins des pulsations de la vie. L'univers répond à des cycles : le jour et la nuit, les battements du cœur, la respiration ont leur propre rythme. Dans les cavernes, les premiers hommes ont exprimé cette pulsion vitale avant d'élaborer des représentations plus complexes. Autrement dit, les rythmes existent avant les formes. Dans la parole, dans le chant, dans la danse et dans la main qui effectue une trace ou un dessin, c'est le rythme de la vie et de la personne qui est sous-jacent à la production gestuelle, artistique ou graphique. Rythme et forme sont donc deux éléments essentiels.

Dans les griffonnages, ces deux éléments se conjuguent, avec accélération du geste ou au contraire sensation d'immobilisme. Comment déceler cette notion ? En général l'impression de rythme apparaît au premier regard. Dans certains cas, elle n'est pas facile à définir. La plupart du temps, les formes géométriques et répétitives contribuent à procurer une sensation de rythme, de même pour tout ce qui crée une dualité systématique, par exemple des formes identiques noircies ou laissées en blanc par alternance. Les mosaïques donnent cette impression, de même les obliques parfois agrémentées de pointes ou de flèches. Dans certains cas, c'est la pression du trait, tour à tour forte puis légère au sein d'une même composition, qui contribue à rythmer l'ensemble. Fréquemment, c'est un effet de perspective qui accentue la notion de mouvement. À l'inverse, les agencements symétriques donnent un ancrage au dessin et lui confèrent un certain immobilisme.

Il serait vain de vouloir étiqueter les différents griffonnages en deux catégories soit statiques soit dynamiques. Parfois, l'ensemble de la composition par elle-même associe le rythme à une structure solide. Ceci apparaît nettement dans les peintures et les dessins de Roland Barthes qui privilégient l'abstraction. La figure 2 est un exemple de formes grouillantes parfaitement cadrées par une colonne dont l'assise est rigoureuse voire stricte. Cela évoque à la fois l'effervescence intellectuelle par le mouvement des filaments multiples et la détermination par la forme rectangulaire un peu rigide.

Certains tracés sont typiques de la paix ou de l'agitation intérieure du dessinateur. C'est l'impression qu'ils procurent, qui évoque le rythme, la tension, ou l'apaisement. Certains gestes traduisent une violence facile à déceler alors que le relâchement du tracé exprime plus volontiers une attitude de disponibilité ou d'abandon. Entre les deux extrêmes, une multitude de possibilités s'offre à l'observateur. C'est toutefois une valeur subjective par excellence et parfois difficile à répertorier.

FIG. 2 – *L'association de bouillonnement intellectuel et de rigueur est créée par deux caractéristiques opposées : les filaments multiples qui se dirigent dans tous les sens et la colonne verticale qui canalise ce grouillement. Ce dessin en réduction est de Roland Barthes.*

LE TRACÉ, PARCOURS SECRET DU RYTHME

Le peintre Kandinsky a ouvert des horizons à ce type de recherche. Il s'est efforcé de voir au-delà des formes. Pour lui, l'impression globale perçue par le spectateur n'est pas liée à la représentation de l'objet. Elle émane d'une structure invisible qui sous-tend la scène. Kandinsky avait remarqué qu'en posant le regard sur un objet sans observer celui-ci précisément, il se dégage des lignes de force, des ambiances, qui n'ont rien à voir avec l'objet que l'on regarde. Il s'est penché sur la dissolution de la réalité dans le tableau. Cela veut dire, rechercher les lignes de force, apprendre à percevoir une structure et un rythme qui animent ce que l'on observe.

Sa conception développe l'idée que nos perceptions ne sont pas cloisonnées. Le visuel évoque inconsciemment d'autres plans : émotionnel, sensoriel, et auditif en particulier. De cette recherche, il ressort que les couleurs autant que les formes déclenchent des effets similaires à ceux de la musique. Ainsi, des corrélations subtiles existent entre la tonalité d'une couleur, la qualité d'un son, ou l'expression d'une forme.

Le compositeur Olivier Messiaen prétendait "voir" la musique, percevoir des tonalités lumineuses lorsqu'il écoutait ou créait une composition.

Si l'on part du principe que la forme, la couleur, le son, l'émotion sont en corrélation d'une façon ou d'une autre (même si cela demeure parfaitement inconscient), ne peut-on pas tout simplement évoquer le parcours inverse ? De fait, une émotion peut se manifester par le tracé d'une forme ou le choix d'une couleur.

Pour le peintre Kandinsky ce point de rencontre est perceptible par l'âme et se trouve aux confins de la psychologie, de la sensibilité et d'une dimension spirituelle. Cet artiste l'a ensuite expérimenté sciemment pour produire des effets volontairement. Par exemple une sensation, un effet particulier, peuvent être renforcés en utilisant cette connaissance.

Ainsi, d'après lui, la sonorité aiguë du jaune est intensifiée dans un triangle pointu, tandis que la profondeur sonore du bleu est amplifiée dans une forme ronde. Les formes sont donc associées à des sonorités mais aussi à des états d'âme. D'une certaine façon, ce créateur a recherché le rythme sous-jacent à l'image, à la forme que l'on perçoit.

Ce que le peintre Kandinsky a découvert au prix de recherches intellectuelles et philosophiques, est présent dans la pulsion qui incite le griffonneur à s'exprimer. En effet, son geste se situe aux confins de l'instinct, du symbolisme et de l'inconscient. Il émane d'une pulsion mais il traduit quelque chose de fondamental. Il exprime parfois une connaissance innée, commune à l'humanité tout entière. Il donne forme à des valeurs présentes à travers les âges et vivaces dans le symbolisme artistique d'aujourd'hui.

Sur des pistes différentes, Marie-Louise Aucher dans une approche musicologique, a décrit le rapport existant entre les différentes parties du corps et les notes de la gamme. Des pieds à la tête, les différents « étages » du corps sont en résonance avec des sons qui vont du plus grave au plus aigu. D'une façon plus élaborée, on peut dire que les sentiments, les états d'âme, les tensions mentales, une attitude sereine, des réactions de colère, n'entrent pas en résonance avec les mêmes notes. Notre corps, notre psychisme, notre gestuelle, forment un tout. Le mouvement, le visuel, les sensations, les émotions, sont des facteurs également présents dans l'impulsion du griffonnage. Forme, rythme, et couleur ont une corrélation inconsciente.

Nous en tiendrons compte pour aborder les différents aspects de notre étude. Dans la majorité des cas, ce sont surtout la forme et le rythme qui interviennent comme point essentiel dans l'analyse. Car la plupart du temps, le griffonneur n'utilise qu'une couleur ou tout simplement ce qu'il a à sa portée. Les dessins multicolores sont plutôt rares. Toutefois le choix d'une teinte n'est pas anodin. Même s'il est inconscient, il est chargé de sens lorsqu'il s'avère répétitif. Par exemple le violet est apaisant alors que le rouge accentue la passion ou la colère. Le noir est plus affirmé que le bleu. Ce dernier est de nature plus tendre. Le marron est une couleur d'obstination. Le rose est sentimental par excellence. Dans ce cas, on tiendra compte de la conjugaison entre la forme, la couleur et l'ambiance qui se dégage de l'ensemble.

Dans son regard sur la peinture de Paul Klee, le compositeur Pierre Boulez établit des liens entre la structure musicale et les toiles. Il tente d'affiner une corrélation possible entre l'espace physique et l'espace sonore, autrement dit entre le peintre et le musicien. Sans élaborer pour autant une véritable théorie, Il associe la façon d'occuper l'espace pour le peintre et celui d'utiliser le temps pour le musicien, avec une similitude de petites impulsions colorées dans la peinture ou de touches rythmiques dans la musique. Il attire notre attention sur une structure qui peut être sous-jacente à la fois à la musique et à l'expression picturale. De ce fait, l'espace occupé et la place laissée en "blanc" constituent l'un et l'autre une dynamique.

La vibration par elle-même est inhérente à la vie. Il n'est pas surprenant qu'elle soit présente dans le griffonnage non réfléchi comme elle peut l'être dans l'œuvre artistique élaborée. Des similitudes de principe peuvent ainsi s'établir entre la musique et la peinture. Dans l'occupation de la page, on notera des jeux d'opposition, des formes qui s'enchaînent les unes aux autres, des remplissages excessifs et des « blancs » comme des moments vides. Chacun a un rythme intérieur.

LES ARCHÉTYPES

Certaines formes ou certains agencements sont au cœur des représentations humaines depuis toujours, telles que le cercle, le triangle, la croix. Elles reflètent des valeurs communes, millénaires et collectives. Celles-ci sont présentes au sein de toutes les cultures et traversent les différentes époques.

Le psychanalyste C.G. Jung a développé le concept d'inconscient collectif c'est-à-dire « la partie de la psyché qui retient et transmet l'héritage psychologique commun à toute l'humanité ». Il s'agit d'un processus inconscient dont on retrouve les lignes de force dans l'analyse des rêves, dans les mythes fondateurs des civilisations, dans des rituels du monde entier, dans l'art ancien et moderne.

Prenons un exemple : parmi ces multiples figures, l'arbre, a une valeur universelle de croissance, de force, de sagesse et de perpétuation de la vie. Arbre de Vie ou arbre la connaissance, dans certaines mythologies, il est considéré comme le pilier central de l'univers, l'axe du monde. Arbre sacré, c'est le frêne en Scandinavie, le bouleau en Sibérie, le banian aux Indes, ou le chêne à l'époque druidique.

L'œuf, le serpent, le feu, la caverne, mais aussi des formes abstraites, font partie du monde des archétypes. Ceux-ci se manifestent de différentes façons selon la personnalité et ce que traverse l'individu. Dans certains cas, même s'ils s'expriment de façon troublante par exemple dans les rêves ou dans une création artistique, ils contribuent à unifier la personnalité. On les rencontre dans les griffonnages.

Freud avait également observé ce phénomène qui mettait en évidence une connaissance manifeste dans l'inconscient. Il s'agit parfois de symboles fortement ancrés et pourtant totalement indépendants du vécu de l'individu. Il avait constaté dans la cure psychanalytique, la présence d'éléments qui ne s'expliquaient ni par la culture ni par l'historique de la personne. C'est ce qu'il a nommé « les résidus archaïques » c'est-à-dire des éléments psychiques qui semblent innés. Ils sont comme « en sommeil » au fond de l'être. Il s'agit d'un héritage qui dépasse l'individu, qui a une valeur originelle et qui se manifeste dans les rêves. On pourra y voir des scènes caractéristiques, des formes, des couleurs, des agencements d'objets, des rituels parfois.

Longtemps après Freud, des explorations par la technique du rêve éveillé, ont montré que certains patients décrivaient, dans le menu détail, des scènes historiques ou par exemple la signification de hiéroglyphes égyptiens alors que ces précisions ne faisaient pas partie de leur source d'intérêt ni de leur connaissance, ni d'un apprentissage au cours de leur vie. Le psychologue Georges Romey a tenté une approche statistique de ce phénomène singulier. La conclusion est que l'inconscient contient une connaissance qui concerne l'humanité.

L'inconscient collectif est une richesse que chacun porte en soi. Le symbolisme qui en découle est multiple. Certains dessins spontanés peuvent s'y référer. C'est un patrimoine inné dont l'individu est porteur. Ils sont tracés inconsciemment et même s'ils ne procèdent d'aucune démarche spécifique, leur interprétation est un éclairage sur la personnalité.

Cela peut transparaître par un scénario parfois étrange, ou des formes géométriques comme le cercle ou le triangle, des éléments de la nature, des personnages comme le "vieux sage". Certains symboles traversent les siècles et les millénaires indépendamment de l'appartenance culturelle. Ils sont porteurs de valeurs communes au sein d'époques différentes et de cultures dissemblables. Ils ont pourtant un point commun malgré les divergences apparentes. Ils se nichent quelquefois dans les griffonnages et leur donnent une portée toute particulière. Ces archétypes traduisent des aspirations ou un recentrage sur soi-même.

La représentation du mandala, image forte par excellence, en fait partie. Il s'agit d'une forme harmonieuse qui émane d'un point central et qui s'élargit de façon symétrique tout autour. Érigée en figure spirituelle qui est une base de méditation en Extrême-Orient, on la retrouve sous d'autres formes en

Occident par exemple dans la rosace des cathédrales mais aussi dans les cercles feuillus dessinés sans intention consciente par le griffonneur. Elle peut être représentée par l'association d'un carré et d'un cercle qui s'organisent autour d'un point central commun. Cette figure apparaît lorsque la personnalité développe une certaine maturité. Elle fait parfois office de recentrage et aide le dessinateur à maintenir son intégrité (face aux autres ou face à des risques de dispersion).

L'analyse des gribouillis n'oblige pas à connaître toutes les représentations symboliques du monde. Et pourtant, lorsqu'on se penche sur le sujet, on perçoit aisément, qu'à travers les multiples représentations graphiques, il existe une racine commune, des points similaires autant dans la conception de l'espace que dans l'expression des émotions, ou dans le rapport entre le sentiment et le geste qui alimente le dessin (doux, violent, agressif, obsessionnel…).

Qu'est-ce qui nous pousse à dessiner, à faire tel tracé plutôt que tel autre ? Certaines formes, à l'évidence, préexistent dès l'origine des temps.

Prenons pour exemple une base chère au graphologue : la rondeur et le bâtonnement de l'écriture. Celle-là exprime le féminin, celui-ci est masculin. En simplifiant, une écriture très ronde dénote une personnalité féminine ; un graphisme dans lequel prédominent des formes sèches un peu comme des bâtons, exprime une dominante masculine. Il va de soi qu'il s'agit là d'un raccourci méritant de plus amples développements. Mais s'il est difficile pour le graphologue de prouver les fondements de cette conclusion, c'est sans doute parce que cette technique d'interprétation s'est appuyée surtout sur l'observation, du moins à ses débuts. La base de ces découvertes a été en grande partie empirique. D'autres recherches, dans des domaines différents offrent des recoupements qui aboutissent aux mêmes conclusions. Il y a donc une convergence entre la gestuelle et le psychisme. Curieusement la préhistoire apporte une réponse.

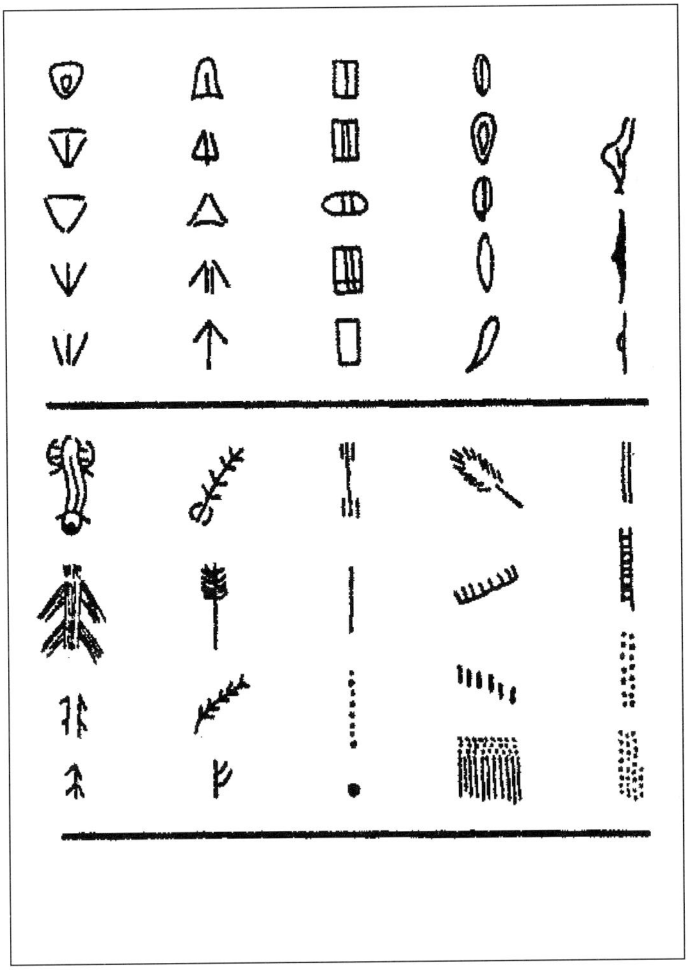

FIG. 3 – *Les symboles du paléolithique. Dans la partie supérieure figurent les signes féminins, triangles, ovales, cercles. La partie inférieure expose des représentations masculines phalliques, bâtons, tirets et séries de points.*

GENÈSE DU GESTE GRAPHIQUE

Comment dessinait-on avant de savoir écrire ? En s'interrogeant sur l'histoire du geste, en se penchant sur les toutes premières représentations graphiques de l'humain, que découvre-t-on ? À l'époque de la préhistoire, la représentation de la femme se faisait par le cercle, la représentation de l'homme par le bâton ou par des tirets.

Puis le rectangle ou des lignes de petits points sont devenus des variantes de l'un et l'autre sexe. On retrouve aujourd'hui dans la représentation graphique de l'homme moderne, une symbolique analogue. Celle-ci apparaît dans les dessins autant chez l'enfant que chez l'adulte. Cette particularité est présente dans les formes libres comme dans l'écriture. Ce principe peut s'élargir au-delà du graphisme. Ainsi, les formes rondes, les contenants, les vases, sont en relation avec le ventre maternel, alors que les bâtons, les flèches, les armes pointues sont une représentation inconsciente phallique (fig. 3).

À l'aube de l'humanité, loin d'être un système simpliste, la symbolique associait des formes abstraites à des animaux, et d'autres concepts. Ainsi les cavernes par elles-mêmes étaient considérées comme des symboles féminins. Différents reliefs pariétaux étaient chargés de sens divers, selon leur profondeur par rapport à l'entrée de la grotte. Les parois de la caverne selon leur configuration, leur profondeur et leurs aspérités, comportaient un symbolisme féminin ou masculin. Si le cercle et le bâton représentent de façon aisément compréhensible la différenciation des sexes, la stylisation et l'abstraction qui en ont découlé dès cette époque, ne sont pas sans intérêt. Cette forme de logique peut effectivement apparaître d'elle-même dans les griffonnages de l'homme moderne.

Si un fil conducteur est décelable dans l'expression symbolique de l'âme humaine, de la préhistoire à nos jours, certaines démarches contemporaines ont tenté de provoquer le parcours inverse en explorant l'inconscient sur un mode qui déstructure les formes, qui abolit ce qui est préétabli, qui défait ce

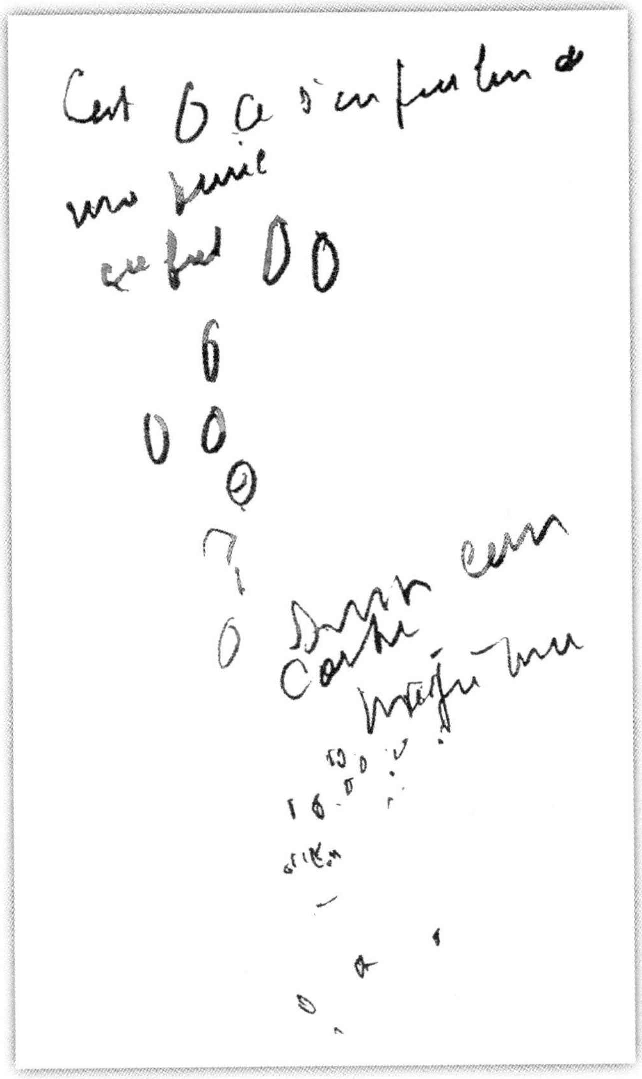

Fig. 4 – *Sous l'emprise de la mescaline, le poète Henri Michaux a tracé ces formes comme une série de bulles qui flottent sans assise. Sur le plan du symbolisme graphique, c'est un désir inconscient de retour au sein maternel.*

Fig. 5 – *Henri Michaux, poète explorateur de l'inconscient. La déstructuration du graphisme tracé sous une prise d'hallucinogène aboutit en bas de page à un substrat d'écriture. Ce qui subsiste au-delà de la forme : c'est le rythme, la pulsion vitale sous-jacente à tout gribouillage.*

qui est construit y compris le langage. Tel n'était pas le but en soi pour le poète Henri Michaux qui affirmait que « toute une vie ne suffirait pas à désapprendre ». Mais au cœur de sa démarche qui fut étonnante, ne serait-ce que par les moyens employés, se trouve à un certain degré la quête du pré-verbal, une recherche éperdue des origines de la pensée. Il s'agit de quelque chose d'indicible qui précède la structure (celle des formes, celle du langage). Ce processus à rebours, pourrait-il nous apprendre quelque chose sur l'aspect initial du geste et du gribouillage ?

En réactivant des expériences sensorielles primitives, par des drogues, l'auteur de *Labyrinthes* et de *Connaissance par les gouffres* a poussé à l'extrême le processus créateur. Dessins et taches d'encre ont fait partie de son auto-analyse. Dès 1929, Henri Michaux décrit des intoxications à l'éther et à l'opium. L'expérience hallucinogène s'est dotée d'un statut qui se voulait scientifique, en particulier pour la recherche sur la psychose expérimentale, à tel point qu'une petite plantation de champignons hallucinogènes a été soigneusement cultivée à son attention au Jardin des Plantes à Paris ! Le poète a exploré les représentations et les sensations du « corps halluciné ». Il a exacerbé les fantasmes, l'angoisse, l'exaltation en utilisant des toxiques en particulier la mescaline. C'est dans ces conditions-là qu'ont été recueillies les traces laissées sur le papier.

Bien qu'il ne s'agisse pas de "griffonnage" à proprement parler, son graphisme sous mescaline présente deux types de déstructurations. L'une (fig. 4) fait apparaître des séries de cercles isolés comme "flottants" dans l'espace, l'autre (fig. 5) avec l'écriture réduite à son substrat, traduit un rythme comme un sismographe. Sur le plan symbolique, les petites formes rondes et closes évoquent une tentative de repli sur soi, de recherche d'un cocon sécurisant, avant l'abandon qui apparaît dans les dernières lignes.

Sans prétendre à aucune démarche psychanalytique concernant Henri Michaux, notons toutefois que les petites formes rondes isolées traduisent une prédominance orale. Il s'agit d'une problématique qui a trait à la nourriture et à l'assimilation en général. Dès l'enfance Henri Michaux manifestait un refus d'absorption, qu'il s'agisse de la nourriture ou de sa langue maternelle (ce qui n'est pas anodin pour cet auteur tourmenté par le langage). Dans quelle mesure les tracés sous mescaline révèlent-ils les profondeurs de l'être, de son histoire, de sa psychologie ? Les recherches en la matière sont insuffisantes pour généraliser les constats. Cependant dans cette expérience, on remarque qu'il y a coïncidence entre la symbolique orale et les tourments conscients du poète.

D'autre part, lorsque le geste n'est plus en mesure de créer une forme, il fait apparaître un rythme. Nous avons vu précédemment avec pour exemple les premiers tracés humains, que l'homme de la préhistoire a représenté des rythmes avant d'élaborer des formes.

Si Henri Michaux s'est battu avec les mots (qu'il tronquait et démembrait) autant qu'avec son mal de vivre, il s'est par contre libéré dans le dessin. « C'est pour m'avoir libéré des mots, ces collants partenaires, que les dessins sont élancés, presque joyeux ». Henri Michaux traçait aussi des sortes de taches qu'il agençait très librement (fig. 6). Il cherchait ensuite à les interpréter en créant des poèmes. Le griffonnage a une fonction libératrice. Il évacue les tensions et peut susciter l'inspiration.

Fig. 6 – *Les taches sont souvent le point de départ de gribouillages plus complexes ou d'un jeu de miroir dans lequel l'auteur laisse courir son imaginaire. Celles-ci, réalisées par Henri Michaux, faisaient partie de son parcours d'auto-analyse. Dans une optique différente certains tests projectifs utilisent les taches d'encre, par exemple le test de Rorschach.*

Fig. 7 – *Construction esthétique d'une jeune femme de trente ans. À partir d'une courbe ou d'un pétale, elle élabore des architectures complexes, au fil de ses cahiers ou de ses prises de notes. L'ensemble est souple et délicat, avec de légères torsions. C'est à l'image d'une personnalité empreinte de douceur et de nuances, qui se cherche elle-même et qui se protège.*

GRIFFONNAGE ET INSPIRATION

La marque que l'on fait sur le papier est rapide, non réfléchie. Il est fréquent qu'une forme en appelle une autre. Si le premier geste du griffonneur est un acte spontané, et même instinctif, il s'ensuit bien souvent toute une construction qui part de ce premier tracé pour aboutir à un schéma complexe, parfois tourmenté ou au contraire esthétique (fig. 7). Un trait horizontal devient escalier, barrière, ou pile de livres, une oblique se transforme en flèche, en avion, en couteau. Le dessinateur n'a pas décidé dès le départ de formaliser son dessin, d'en faire une représentation. C'est la liberté qu'il s'octroie, l'imagination qu'il accepte de suivre, qui vont engendrer des formes le plus souvent inattendues.

Il n'est pas rare que les gribouillages ou des dessins agrémentent les cahiers intimes, les récits autobiographiques. Ceux-là sont fréquents également dans les manuscrits des créateurs et en particulier chez les écrivains ou même chez certains musiciens, par exemple les courriers du compositeur Saint-Saëns étaient souvent agrémentés de dessins et de fleurs, quant aux lettres d'Emmanuel Chabrier, celles-ci étaient truffées de petits rébus lubriques et provocateurs. Alfred de Musset avait le coup de crayon cynique surtout à l'égard des femmes, en particulier celles qui lui causaient quelques déboires. Victor Hugo à lui seul, a laissé un héritage de plus de 1300 dessins illustrant ses lettres. Jean Cocteau illustrait abondamment toutes ses créations littéraires. Ce processus est fréquent pour de nombreux créateurs même lorsque le dessin n'est pas leur choix de prédilection. Pourquoi les dessins et griffonnages sont-ils si fréquents chez les gens de plume ?

Au fil des brouillons et des manuscrits, les dessins d'écrivains abondent. Du simple gribouillage à la composition la plus élaborée, ils figurent en bonne place et offrent une alternance à la rigueur de l'écriture. Ils ont souvent deux raisons distinctes, qui à un moment donné, se rejoignent. Ils illustrent parfois les paysages, les lieux, ou les personnages du roman, comme pour définir une ambiance. Ici il ne s'agit pas, bien sûr, de "griffonnage" ni de geste instinctif.

Mais le dessin se prête toujours à faire naître d'autres formes. Il ne comporte pas une délimitation stricte comme peut l'imposer la recherche littéraire. Il s'inscrit en parallèle du texte et procure une « décompression » à l'attention soutenue de l'écrivain. Victor Hugo qui donnait libre cours à ses coups de crayon, disait : « Cela m'amuse entre deux strophes ».

Certains dessins qui accompagnent les manuscrits sont totalement libres, non destinés à illustrer les textes. Ils occasionnent une détente, parfois une évasion. Celle-ci à son tour va nourrir l'imaginaire. Ainsi, la liberté qu'ils procurent est une source d'inspiration. L'écrivain quitte un instant la concentration mentale, la recherche minutieuse du verbe, la contrainte du langage. Il s'autorise un instant de vacuité. Cette disponibilité, sans lui faire perdre son fil conducteur, lui ouvre d'autres pistes, l'oriente sur d'autres idées.

C'est une sorte de dialogue intérieur entre le visuel (le dessin) et le cérébral (l'écriture). Pour celui qui aime écrire, le griffonnage a donc une fonction à la fois libératrice et féconde.

Certains créateurs ont des dons d'une richesse équivalente que ce soit en peinture, en musique ou en littérature. Même s'il ont fait le choix de privilégier un art plutôt qu'un autre, leur talent est multiple.

C'est le cas de Victor Hugo. « Mes dessins sont un peu sauvages, disait-il. Ils ont été faits par moi à des heures de rêverie presque inconsciente avec ce qui restait d'encre dans ma plume sur des marges ou des couvertures de manuscrits... » Victor Hugo a fini par y mêler du fusain, de la suie, du café, du charbon et « d'autres mixtures bizarres ». Le dessin se situe dans un autre registre que celui de l'écriture. Il libère une spontanéité, le jeu, la dérision même. Il peut faire sourdre une ambiance immédiate. Par les jeux de lumières, des formes déchiquetées, des ectoplasmes, une clarté funèbre ou sublime, le dessin donne libre cours aux états d'âme. Il n'est pas normatif.

Doué pour la caricature et les représentations d'architecture, Victor Hugo a largement exploité ces thèmes. Ses dessins spontanés, dans tous les cas, sont

Fig. 8 – *Ce dessin, intitulé « Spiritus Malus » figure dans les cahiers de Victor Hugo de 1854 à 1855, période à laquelle il s'est intéressé de façon assidue au spiritisme.*

Fig. 9 – *Personnage à quatre têtes tracé en 1856 dans les cahiers de Victor Hugo. Les lignes dentelées évoquent des formes végétales ou minérales, une délimitation qui reste ambivalente entre « le plein et le vide » de l'espace graphique. Cette ambiguïté est fréquente dans l'expression libre des griffonnages. Le dessinateur ne procède pas selon un schéma préétabli. Ce sont les formes naissantes qui en font germer d'autres au fil de l'imagination.*

Fig. 10 – *Personnage fantastique ou fantôme ? Dessiné par Victor Hugo à une période où il procédait à des rituels pour dialoguer avec les morts.*

révélateurs des différentes périodes de sa vie. Ainsi, cette scène intitulée « Spiritus Malus » (fig. 8), qui date de l'époque où l'écrivain s'est passionné pour le spiritisme, faisant tourner les tables en invoquant l'âme des défunts. Son carnet personnel qui date de 1856, comporte des figures emblématiques, des tracés dentelés dont la fantaisie révèle l'attirance pour l'étrangeté, le fantastique et la mort (fig. 9 et 10).

Les griffonnages ou les croquis d'écrivains répondent à plusieurs registres d'émotions : joie, tristesse, évasion, dérision, provocation, doute… Ce sont des moments de latence, de rêverie ou de décompression. De plus, l'aspect visuel ainsi créé, donne accès immédiatement à un sentiment ou à une ambiance, d'une façon plus directe que ne pourrait le faire l'architecture de la phrase.

Parfois le dessin traduit ce que le verbe ne formulera pas. Ainsi le manuscrit du duc de Saint-Simon (au XVIIIe siècle) consacré à la rédaction secrète de ses « Mémoires » durant dix années consécutives, s'interrompt brusquement par un tracé de croix et larmes, au moment de la mort de sa femme (fig. 11). Ce ne fut que plusieurs mois après, que l'écriture reprit son cours.

Difficile d'évaluer le degré de spontanéité dans le manuscrit « Guerre et Paix » de Léon Tolstoï (fig. 12) ! Le dessin et le texte fusionnent en parfaite harmonie. Même si cette dextérité demande un minimum de préméditation, l'élan spontané du dessin n'est pas exclu. Dans tous les cas, l'acte de dessiner offre un moment de détente qui est comparable à un sas de décompression. On dessine tout d'abord pour soi-même et non pour les autres. Ici, la délicatesse l'emporte de par le résultat visuel et le manuscrit est non seulement "présentable" mais enrichi d'une esthétique tout en nuances.

Les griffonneurs chroniques ne prennent pas autant de précautions. Et pour cause ! Griffonner c'est tout d'abord libérer sans contrainte, un geste non réfléchi. C'est ce que faisait Stevie Smith sans se priver. Cet écrivain accompagnait presque systématiquement tous ses écrits de nombreux dessins, comme cela lui chantait, et persévérait malgré la désapprobation de ses éditeurs.

Au contraire de Léon Tolstoï qui crée une unité entre les personnages et le texte rédigé, dans la démarche présente, c'est tout l'inverse (fig. 13). C'est une façon de projeter son ego au centre des débats de même que le personnage s'impose avec un texte qui l'entoure.

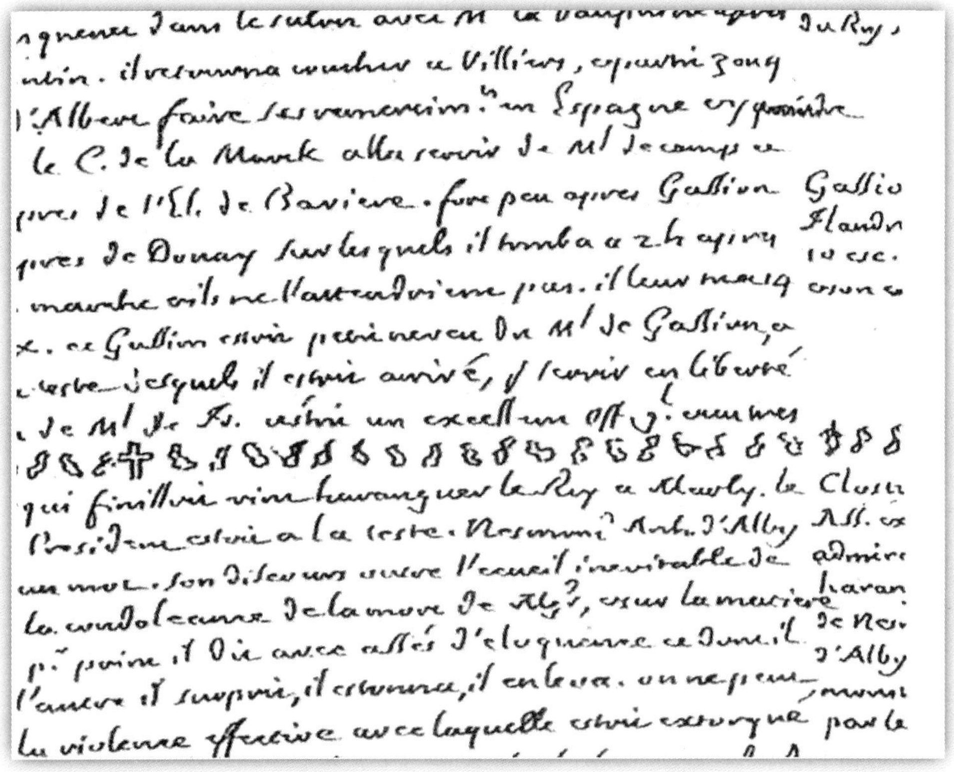

Fig. 11 – *Au fil de dix années consacrées à la rédaction de ses « Mémoires », Louis de Rouvroy, duc de Saint-Simon, ne s'interrompt qu'une seule fois dans son œuvre à la mort de sa femme. Il remplace l'écriture par une ligne chaotique de croix et de larmes durant cette période douloureuse.*

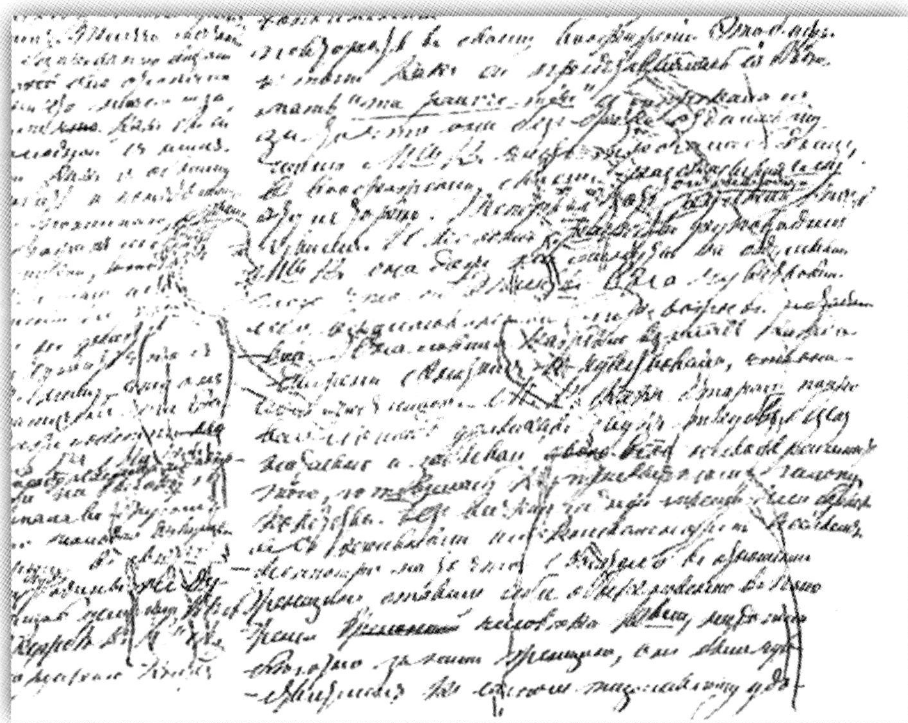

Fig. 12 – *Léon Tolstoï. Les personnages se mélangent au texte avec délicatesse. C'est une alliance en finesse de la sensorialité et de l'intellect.*

Fig 13. – *Griffonnage de provocation pour Stevie Smith, au grand dam de ses éditeurs qui n'appréciaient pas particulièrement la prolifération de dessins au cœur de ses écrits.*

LES PRINCIPES DE BASE

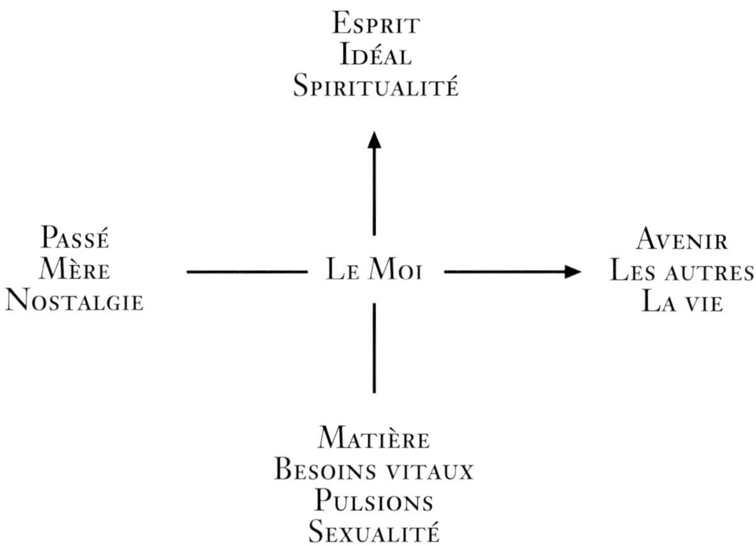

Fig. 14 – *Le symbolisme de l'espace.*

LES PRINCIPES DE BASE

L'UTILISATION DE L'ESPACE

LE SUPPORT sur lequel on dessine est comparable à un champ d'action, à un univers dont on s'empare librement. Chacun peut l'utiliser à sa guise, le remplir totalement, y laisser flotter quelques signes épars, privilégier une seule partie, ou crayonner en tous sens. Quels sont les critères à retenir pour orienter l'interprétation ? Tout d'abord, les quatre directions de l'espace vont être le point de départ de l'observation :

- Le haut, le bas, la gauche et la droite. On tiendra compte de ces quatre orientations, à plusieurs titres : la division de la page ou du support qui met en valeur les zones choisies instinctivement par celui qui dessine.
- La direction des traits et les proportions des formes qui se dirigent plus volontiers vers telle ou telle direction.
- Les mouvements d'expansion ou de recentrage.

Sur le plan symbolique l'être humain a tendance à placer vers le haut ce qui élève l'esprit et vers le bas, ce qui est concret. Situé vers le haut, le ciel évoque l'infini, la lumière, la clarté. Située en bas, la terre signifie plus volontiers ce qui est pragmatique, matériel ou quantifiable. Ne dit-on pas « avoir les pieds sur terre » pour évoquer le réalisme et le bon sens, ou à l'inverse « élever le débat », « prendre de la hauteur » pour réfléchir avec plus d'ouverture ? Notre vocabulaire exprime tout simplement des sentiments et des concepts qui sont présents dans l'inconscient. Privilégier des mouvements ascendants ou descendants, n'aura donc pas la même signification.

La gestuelle que l'on retrouve dans le dessin, la direction des lignes, les mouvements répétitifs ou même les parties de la page choisies par le griffonneur, répondent à ces principes. Il arrive que certaines zones soient toujours noircies, remplies, alors que d'autres sont toujours laissées intactes. Placer ses griffonnages dans une zone symbolique est donc chargé de signification. L'emplacement privilégié représente un domaine de notre vie qui est valorisé. Il peut s'agir autant d'une attirance que d'une préoccupation. Selon les cas, cela pourra révéler une attente ou de l'anxiété.

L'utilisation de l'emplacement se fait instinctivement. On y trouvera donc soit une voie de réalisation, soit des difficultés, ou parfois des inhibitions. À l'inverse, un espace systématiquement laissé en blanc n'est pas le fait du hasard. Au contraire, il offre un intérêt particulier. Il prend un sens parce qu'il est ignoré ou inconsciemment refusé. Cette zone qui demeure vierge comporte donc une ambivalence. Elle est comme un tabou, un non-dit, ce qui présuppose assez souvent une attitude paradoxale avec attirance et rejet pour ce qu'elle représente.

Dans cet état d'esprit, abordons les différentes directions possibles. Tout d'abord deux grands axes sous-tendent les orientations des dessins : la verticalité et l'horizontalité.

LE HAUT ET LE BAS

L'axe vertical représente la dualité entre la matière qui est en bas et l'esprit situé dans la zone supérieure. Le bas est l'univers symbolique de la terre mère nourricière, de la solidité, du concret. C'est le domaine des nourritures terrestres, des besoins vitaux du corps, de la sexualité. Il serait sans doute schématique de résumer en plaçant la symbolique du corps en bas et celle de l'esprit en haut. C'est toutefois un élément basique à prendre en considération. Ce condensé mérite d'être nuancé en tenant compte de tous les éléments qui vont être intégrés à l'analyse (forme, qualité du trait, orientation des lignes...).

À un autre niveau, la symbolique de la terre évoque l'enracinement ou le déracinement. Un graphisme bien ancré vers le bas traduit de la solidité physique ou morale, ou les deux à la fois. À l'inverse, des carences dans la direction du bas peuvent représenter un problème de relation au corps. Il peut s'agir d'un manque de respect pour son organisme, pour ses besoins vitaux, une façon finalement de ne pas écouter son corps. Cela peut traduire une déstabilisation. Comment déceler cette dominante ? Non seulement avec les proportions des dessins, mais également par leur emplacement ainsi que leur assise.

La partie supérieure de la page est en relation avec le désir d'élévation. Cette direction manifeste l'aspiration à se dégager des contingences terre à terre. Le secteur du haut représente l'esprit, l'idéal, parfois une recherche de spiritualité. On pourra y voir selon les cas, une marque d'ambition, une quête de connaissance, une valorisation de l'intellect ou une recherche spirituelle.

Comment cela peut-il se manifester ? Par exemple par des lignes verticales, des antennes, des constructions géométriques pyramidales ou par des formes ouvertes en haut. La représentation par elle-même est révélatrice de l'attitude. Ainsi, des tracés aérodynamiques dirigés vers le haut ont une connotation active.

Le dessin d'une coupe, du fait qu'il comporte une ouverture en haut, manifeste également un intérêt à l'égard d'un idéal ou de la spiritualité. C'est un objet creux. Par sa fonction, il recueille, il reçoit. Il représente la passivité en général mais c'est aussi une attitude réceptive à bien des égards.

Il arrive que des formes figuratives synthétisent clairement la notion de lien entre le ciel et la terre. De nombreuses traditions au fil des siècles ont exprimé cette idée par la verticalité, par des images concrètes, des arbres, des échelles, des piliers ou des escaliers cérémoniels. Dans l'Inde védique, le poteau sacrificiel représentait l'axe du monde, le lien entre la terre et le ciel. Dans la tradition japonaise shintô, *l'échelle du ciel,* représente le contact primordial avec la dimension spirituelle. Dans la tradition chrétienne, l'échelle de Jacob, évoque le lien entre la terre et l'au-delà. Dans le chamanisme sibérien, l'ascension de l'arbre rituel répond à ce même principe. Il s'agit à chaque fois d'une recherche d'élévation, d'une volonté de transcender le monde.

Cet élan qui incite à s'élever va apparaître de différentes manières : par des tracés abstraits ou concrets, le choix de la zone supérieure, des formes ouvertes vers le haut. On pensera également à comparer au sein d'un même petit dessin, la légèreté ou la lourdeur du graphisme qui peuvent être plus marquées vers le haut ou vers le bas.

LA GAUCHE ET LA DROITE

Alors que le haut et le bas expriment le rapport entre l'esprit et la matière, la gauche et la droite répondent à des critères à la fois temporels et relationnels. Si l'axe vertical évoque l'élévation, l'axe horizontal représente notre champ d'action en général, notre possibilité d'expansion.

Gauche et droite conduisent d'ailleurs à une réflexion sur la latéralité du corps humain. Cette question comporte quelques évidences et paradoxalement elle garde sa part de mystère car elle est loin d'être élucidée. Que les gauchers n'en prennent pas ombrage ! Mais depuis les temps les plus reculés et dans toutes les régions du monde où l'homme est apparu, il s'avère que la latéralité à droite fut la règle. À tel point que dès l'Antiquité, être gaucher était considéré comme une différence voire comme un « signe particulier ». La gauche par extension a vite pris une signification péjorative peut-être à cause de sa marginalité. Elle a même été considérée comme négative sans doute parce que c'est la main droite qui est perçue comme performante, étant celle qui agit, qui manifeste la volonté de l'être humain. De ce fait, la gauche est associée à l'irrationnel et la droite à un processus de clarification qui se veut rationnel.

Dans certaines civilisations, en particulier en Inde, il a été considéré comme inconvenant de manger de la main gauche, celle-ci étant réservée aux tâches impures alors que la main droite était consacrée aux actes nobles. En Occident, a priori, chacun trouve normal de se saluer en tendant la main droite. Sans aller jusqu'à magnifier la symbolique de droite et occulter ce que représente la gauche, il va de soi que les deux sont indispensables l'une à l'autre. Cependant, cet axe représente bien une dualité.

Il résulte que la gauche se trouve associée à l'ombre, à l'inconscient, à la passivité. La droite manifeste l'action, l'intervention dans l'avenir, la dynamique qui va vers la vie et vers les autres. En élargissant cette symbolique, la nuit, la passivité, la réceptivité, sont généralement rattachées au féminin. Ces valeurs sont associées à la gauche. Le jour, l'activité, l'intervention directive, se rattachent à un symbolisme masculin. Ceci mériterait sans doute de longs développements. La mythologie, l'inconscient, l'analyse des rêves viennent étayer ces hypothèses ainsi que d'autres domaines apparemment sans relation directe avec ce concept abstrait. Par exemple dans la symbolique du corps, il semblerait que la partie gauche se rattache à l'inconscient et au féminin c'est-à-dire également à la mère, et que la partie droite soit en relation avec la vie extérieure et avec la symbolique du père. On peut en tenir compte dans la somatisation à différents niveaux.

Les travaux du médecin Tomatis vont dans ce sens. Ses concepts, essentiellement basés sur l'observation des pathologies de l'oreille et du langage, mettent en lumière le fait suivant : lorsque les enfants ont des problèmes à répétition à l'oreille gauche, c'est souvent une façon d'exprimer une difficulté de relation avec leur mère (par exemple demande d'amour ou révolte), alors qu'une pathologie à l'oreille droite manifeste un problème de relation au père ou aux autres en général.

Dans un tout autre domaine, par exemple en graphologie ou dans l'analyse des dessins d'enfants, la gauche représente la relation au passé et à la mère, avec tout ce que cela comporte d'attache, de dépendance, de besoin de sécurité ou parfois de régression. Par contre, la partie droite de la feuille représente la symbolique du père ainsi que la vie en général, l'avenir et la façon de rencontrer les autres. Ces différentes approches aboutissent à la même dialectique avec un axe d'évolution qui nous fait partir du passé à gauche pour aller vers l'avenir à droite.

Nous retiendrons cette idée pour analyser les gribouillis. Ceux-ci peuvent trahir un besoin de sécurité, de régression provisoire, en plongeant vers la gauche, en se ressourçant dans le passé. Ils peuvent également signifier une forte volonté d'aventure, de défi, de renouveau, en s'élançant franchement vers la droite et donc vers l'avenir.

Dans cet état d'esprit, qu'allons-nous observer ? Tout d'abord les grandes tendances. Par exemple quelle est la répartition privilégiée ? Les dessins sont-ils plutôt à gauche, à droite, ou bien centrés ? S'il s'agit de gribouillages informes et dispersés, en les observant individuellement, on peut certainement définir un choix préférentiel pour une forme qui pointe vers la droite ou qui se recroqueville vers la gauche. Il va de soi, qu'un seule fois ne suffit pas, il convient de rechercher des constantes, des répétitions. Certaines positions dans la page sont flagrantes.

Ainsi, des gribouillis collés au bord gauche de la feuille, expriment-ils une attache au passé, à la mère. Selon les cas, il peut s'agir d'un besoin de sécurisation, d'un désir plus ou moins conscient de retour aux sources ou d'une personnalité nostalgique. Pour aller plus loin, les formes des tracés, qui peuvent être par exemple douces ou agressives, permettront de préciser s'il s'agit d'une demande affective (dans le premier cas) ou de révolte avec des conflits non résolus (dans le deuxième cas). Associé à un vide dans la partie droite, cela traduit des difficultés relationnelles ou une crainte de s'affronter à la vie et aux autres.

À l'inverse, lorsque la partie droite est fortement investie, le désir d'aller de l'avant prédomine avec une soif de découvrir, de participer, d'aller à la rencontre des autres. La qualité du tracé nous permettra de comprendre si cela se fait dans la sérénité ou dans l'anxiété. De même, si cette caractéristique s'accompagne d'un vide systématique dans la partie gauche du support, cela ne veut pas dire que le passé soit assimilé. Il peut s'agir d'un refus de se pencher sur ce qui a déjà été vécu, une façon de « tourner la page » ou une fuite selon les cas.

Dans l'idéal, le mouvement progressif en direction de la droite peut s'inscrire dans un geste spontané vers l'avenir sans fuir le passé, à l'image d'une personnalité qui intègre bien les expériences de la vie.

Peut-on aller jusqu'à déceler ce bel équilibre dans les gribouillages qui jalonnent nos papiers ? Rappelons qu'il en existe de deux types : ceux qui sont systématiques et que l'on reproduit au fil des années, parfois même toute une vie ! Ceux-là sont donc révélateurs de ce que l'on a construit, ou de ce qui demeure inassouvi.

D'autres au contraire, les plus fréquents, évoluent au cours du temps ou sont même carrément ponctuels ! Ces derniers montrent les préoccupations, les inquiétudes, l'état intérieur face à des questions parfois cruciales. Ils sont donc une clé à la compréhension de soi-même ou des autres. Ils ont le mérite d'apporter un éclairage spécifique sur l'état moral ponctuel ou même sur l'attitude que l'on est en train de développer consciemment ou non. Quant à révéler la façon d'assimiler les différentes étapes de la vie, leur analyse en montre bien les tendances profondes : les refus, les désirs, la facilité ou la difficulté à aller de l'avant. Mais là encore, il va de soi que c'est la comparaison d'une série de griffonnages à différentes étapes de la vie, qui peut exprimer ce que l'on devient.

LES DESSINS DÉBORDANTS

Il arrive que le griffonneur trace littéralement son dessin sur le bord du support, comme s'il avait débordé. Le gribouillis, dans ce cas, épouse la limite du papier. En réalité, c'est à la fois une fusion avec le bord et une transgression puisque ce dernier représente le cadre à ne pas franchir, la frontière au sein de laquelle on se doit d'écrire.

Ce geste signale une envie d'aller plus loin, un désir de dépasser les limites imposées. Selon qu'il s'agit du bord haut, bas, gauche ou droite, cela met en relief d'une façon plus importante la signification de la zone choisie. La direction qui est ainsi valorisée est d'autant plus forte que le trait « déborde » et peut donc dans l'abstrait, se prolonger à l'infini.

Il ne s'agit pas toujours d'une attitude consciente en particulier en ce qui concerne la partie gauche et le bas de page. En effet, ces deux secteurs représentent respectivement le passé, la relation à l'enfance, la mère et par ailleurs le domaine des pulsions et des instincts. Les dessins débordant à gauche sont parfois la marque de souffrances ou de carences affectives qui n'ont jamais pu être dépassées. Le fait qu'elles apparaissent dans la liberté du griffonnage, rappelle que les épreuves ne sont pas "digérées" et qu'elles peuvent obstruer une progression vers le futur. Il peut s'agir aussi d'un repli sur soi par peur d'affronter la vie. Ces deux pistes de recherches ne sont pas contradictoires.

Les dessins débordants sur le bas sont généralement la marque d'une recherche de matérialité. Ils traduisent aussi la force des pulsions. Le bas représente par ailleurs les profondeurs. C'est l'obscur, le domaine caché ainsi que l'inconscient. Certains griffonnages vers le bas, en particulier lorsqu'ils comportent de la légèreté, sont la marque d'une interrogation sur le monde de l'inconscient.

À droite, il s'agit d'un investissement vers l'avenir, d'une attente enthousiaste ou anxieuse selon la forme, la limpidité ou la noirceur des traits. Cela traduit dans tous les cas, une attitude tournée vers le futur et des aspirations au changement. Le dessin débordant évoque que le dessinateur aimerait être déjà dans l'étape suivante de sa vie. C'est le cas pour cet homme (fig. 15) qui sur de grandes pages noircit les angles en haut et à droite depuis quelque temps. Les petits traits bien repassés sur le bord droit évoquent une anxiété à se réaliser sur fond de volonté, car les formes rectangulaires représentent un souci de maîtrise. Les petits cercles collés en haut à droite mettent en valeur des questions affectives (signifiées par la rondeur) avec un fond d'inquiétude fortement présent par l'aspect répétitif des tracés qui sont noircis de surcroît. À la même période on rencontre dans les papiers de cet homme, des dessins soit en damiers, soit en forme de labyrinthe débordant en haut, dans la partie gauche des feuilles. Les dessins débordants en haut représentent les aspirations, l'idéal, ou des questions d'ordre spirituel, autant de préoccupations en train d'émerger. Les carrés et le labyrinthe situés dans cette zone supposent que cet homme cherche à comprendre ou à rationaliser le domaine spirituel. Il s'interroge.

Chez une même personne, les tracés débordants s'analysent en tenant compte des dominantes qui transparaissent dans ses autres représentations.

Il s'agit donc au final d'observer le choix d'une zone, les directions, parfois clairement représentées avec des traits jaillissants ou par exemple avec des flèches. D'autre part, on notera au sein d'un même dessin, la partie qui est la plus légère ou la plus noircie, voire la plus riche car plus ornementée. Ces précisions donnent un éclairage plus poussé.

Dans le même ordre d'idées, il est nécessaire d'observer les ouvertures ou les fermetures voire les verrouillages. À quelle direction se ferme-t-on ? À quelles espérances s'ouvre-t-on ? Une coupe peut s'ouvrir en haut, en direction du ciel, de l'esprit, de l'idéal. Un objet ou une forme abstraite peuvent comporter de multiples traits repassés qui font barrière aux influx de la gauche, de la droite, du haut ou du bas. Autant d'éléments qui permettent d'affiner les conclusions.

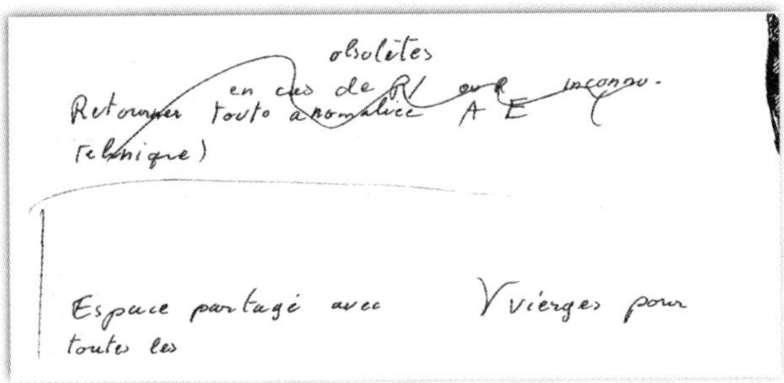

a

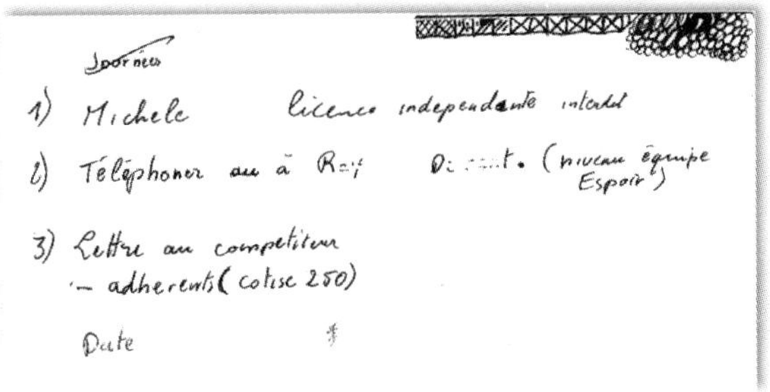

b

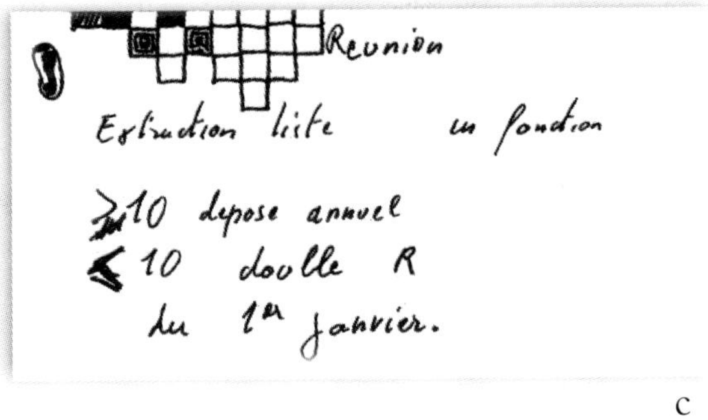

c

d

Fig. 15 – *Dans les gribouillages de Robert, 42 ans, informaticien, on remarque des tracés débordants. Les bords de feuilles noircis à droite ainsi que dans la partie en haut et à droite,* (**a** et **b**)*indiquent un mélange d'espoir et d'anxiété à réaliser ses projets. Ceux-ci occasionnent des tensions.*
La question affective est fortement présente par les cercles multiples (**b**) *noircis également.*
Les carrés et labyrinthes débordants en haut mais sur la gauche (**c** et **d**) *indiquent des interrogations peut-être secrètes sur la spiritualité avec un désir de comprendre et de rationaliser (signifié par les carrés).*

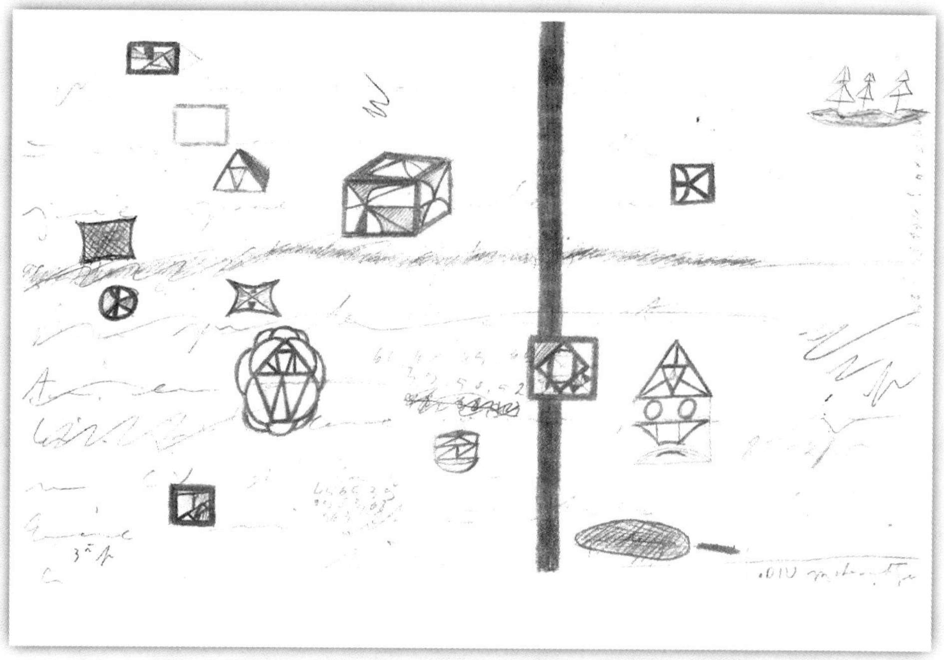

Fig. 16 – *Cédric, 30 ans, psychologue est partagé entre une attirance pour les valeurs du passé avec la sécurité que cela occasionne (à gauche) et prendre le large, avec ce bateau au long cours qui surplombe tout le dessin sur la droite. La coupure verticale qui ressemble à un poteau est comme un cap à franchir pour se dégager du passé et donner libre cours à son idéal.*

Les griffonnages de la figure 16, montrent l'importance de tenir compte de toutes les composantes en interaction. Il arrive qu'un détail explicite la figure principale, ou que celle-ci prenne toute son ampleur grâce aux tracés qui l'entourent. Ainsi dans cette page, on note des dessins géométriques éparpillés et en haut à droite un trois-mâts qui vogue vers la droite, donc symboliquement vers l'avenir. La page est coupée en deux verticalement, séparant la gauche de la droite, c'est-à-dire le passé du futur. Les dessins épars sont la marque d'interrogations dans cette situation qui invite le dessinateur à prendre un nouveau départ. Le bateau en est la représentation chargée d'espérance car il est situé à la fois dans la zone de l'idéal (en haut), de l'ambition et de l'avenir (à droite). De plus un trois-mâts n'est pas une embarcation ordinaire ! Il évoque de fait, les grands voyages et peut-être une part d'aventure.

La conclusion de ce dessin est donc une introversion avec des questions multiples qui invitent à faire un choix de vie en quittant son passé pour aller vers un monde nouveau. Ceci oblige en même temps à se défaire des schémas sécurisants (la gauche) pour se nourrir de nouvelles espérances (le bateau en haut à droite). Les voiles réagissent aussi en fonction du vent. Il peut y avoir obligation (ou peut-être désir) de développer une nouvelle qualité d'adaptation à la vie et aux autres.

L'auteur de ces griffonnages était effectivement à une période qui lui proposait un choix de vie. Les traits repassés nous indiquent que cela intensifiait sa réflexion et peut-être son indécision, sans doute à la hauteur de l'espérance représentée par le bateau au long cours.

Fig. 17 – *Dessin d'expansion exécuté par Alexandra, 23 ans, étudiante en communication. Le dessin est comme une explosion qui s'étale sans perdre son centre de gravité. C'est à l'image de l'ouverture et du désir d'élargir son potentiel ou son champ d'expérience.*

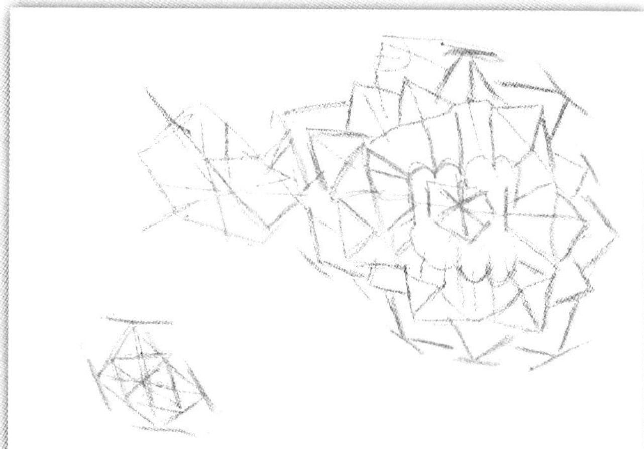

Fig. 18 – *Les griffonnages de Christiane, 40 ans, assistante en ressources humaines, montrent à la fois un désir d'expansion, d'élargissement de son champ d'expérience et une attitude de recentrage, voire d'autocensure (par les petits traits qui arrêtent les angles) pour ne pas se disperser. Le trait associe la douceur et l'angle, ce qui indique une personnalité à la fois délicate et volontaire.*

EXPANSION ET RECENTRAGE

Indépendamment des orientations vers les points cardinaux, on peut déceler des mouvements d'expansion et des gestes de recentrage. Dans la plupart des figures, on peut trouver un centre. Celui-ci représente symboliquement le sentiment de force intérieure. Il manifeste le « moi » qui s'affirme et autour duquel s'organise le monde. Il s'agit d'un principe archaïque, du sentiment de l'ego, une façon de dire « je » ou « j'existe ». La qualité qui en émane est révélatrice de la cohérence de la personnalité, de son affirmation ou parfois de ses perturbations.

Les gestes d'expansion ont une connotation plutôt extravertie. Ils partent d'un centre et s'étalent vers les bords extérieurs. Ceci répond à une soif d'élargissement. Certains mouvements s'agrandissent de plus en plus. Ils peuvent être relativement cadrés ou carrément envahissants. Le déploiement peut être marqué par différentes formes, par exemple une fleur aux pétales de plus en plus étalés, une rosace aux volutes spacieuses, ou un tracé plus abstrait comme dans l'illustration 17. Dans ce dessin, on remarque une figure centrale, autour de laquelle se déploient des extensions diverses. La composition évoque une myriade d'étoiles ou d'oiseaux qui se libèrent comme un feu d'artifice. De l'ensemble émane un rythme, comme une pulsation qui part du cœur du dessin pour prendre de plus en plus d'ampleur. C'est à l'image d'une personnalité enthousiaste qui aspire à libérer toutes ses potentialités.

Divers tracés similaires ont été faits par cette jeune femme de 23 ans à une période charnière : en fin d'études supérieures, au moment où elle cherchait à se lancer dans la vie active. Cela signale qu'elle était consciente de son potentiel (traduit par l'insistance avec laquelle est dessiné le centre), et qu'elle était animée d'un désir d'expansion représenté par l'étalement croissant tout autour.

À l'inverse, on peut rencontrer une gestuelle qui part du plus large pour se diriger vers le centre. Les mouvements peuvent être plutôt souples ou au contraire bien cadrés. Dans les deux cas, ils intensifient la réflexion. Ils canalisent les idées. Ils évitent l'éparpillement. Ils aident souvent à se concentrer. Il arrive de rencontrer la conjugaison de ces deux principes à la fois, avec une tendance à l'expansion et une auto-censure qui évite l'éparpillement.

La figure 18 illustre cette dualité avec des formes en rosace qui s'élargissent régulièrement. L'étalement se fait par strates successives à partir d'un centre bien défini voire repassé avec insistance. Cela traduit une façon de procéder par étapes, d'accroître son savoir-faire, de passer au cap supérieur chaque fois que l'on maîtrise ce que l'on fait. Le processus de croissance (et donc de débordement potentiel) est arrêté par des petits traits qui font barrage à l'extension. Cela apparaît nettement par des sortes de bâtons posés sur la pointe des triangles extérieurs. Cette composante nous indique un désir d'expansion, une ouverture sur le monde que cette personne limite volontairement ou canalise pour éviter de se disperser.

À l'inverse, le griffonnage de la figure 19 manque de cohérence avec ses formes diverses et éparses. Si d'autres dessins le confirment, il s'agit d'une personnalité perturbée voire déstructurée. Le jeune homme qui en est l'auteur a 32 ans et ne se fixe pas de but déterminé. Il est dérouté et son parcours est instable. Ses griffonnages qui manquent d'assise confirment qu'un problème psychologique accompagne son sentiment d'échec.

C'est l'ensemble des différents dessins, leurs constantes, ou les constellations plus ou moins répétitives qui vont orienter l'analyse. On tiendra compte également de la pression du trait et des formes dominantes qui peuvent être par exemple soit rondes soit agressives dans telle ou telle zone du dessin.

Fig. 19 – *Les griffonnages de Yannick, 32 ans, sont déstructurés. Le trait est léger, le mouvement souple et les formes n'ont pas de direction bien définies. Elles manifestent une personnalité ouverte à tous les influx avec une dominante lymphatique.*

LA QUALITÉ DU TRAIT

La qualité du trait, la façon d'appuyer sur le papier, les retouches, les noircissements, sont autant d'indices qui traduisent la façon d'être d'une personne. En général, un appui vigoureux sur le papier ou sur le support utilisé, est la marque d'un tempérament énergique.

Une forte pression exprime de la vitalité, de la passion parfois de l'autorité. Il peut s'agir aussi d'une libération puissante des émotions : colère, désir, impatience. Une forte pression exprime toujours une certaine intensité. On retrouvera celle-ci dans les sentiments du dessinateur, dans son implication, ou dans sa façon de mener ses projets.

Un trait léger peut signifier des tendances différentes. C'est soit la marque de l'hésitation, du manque de confiance ou même de la timidité. Il exprime le doute, l'indécision. Il évoque une attitude plutôt intériorisée. Il traduit également la délicatesse, la finesse, une personnalité tout en nuances.

C'est l'ensemble du tracé qui permettra d'orienter plus précisément. Par exemple si le trait est léger avec de nombreuses reprises, cela confirme l'indécision voire une crainte de l'échec. Lorsqu'au contraire la finesse du trait s'accompagne d'un geste sûr, cela n'entrave pas l'affirmation mais celle-ci s'exerce sur un mode délicat et réfléchi.

Les noircissements avec insistance sont de l'ordre de l'anxiété ou de l'intériorisation. Lorsqu'ils s'avèrent répétitifs, ils sont la marque d'une tendance obsessionnelle. Ils traduisent de toutes manières une tension psychique. La configuration générale permettra de préciser s'il s'agit d'une façon de se recentrer pour mieux prendre son élan en quelque sorte, afin d'affronter ses difficultés ou s'il s'agit d'un terrain dépressif.

Cette tendance qui peut aller du simple abattement moral à une composante autodestructrice sera affinée par les autres critères. Elle peut être confirmée par l'emplacement dans la page, avec une difficulté à aller librement vers l'avenir c'est-à-dire vers la droite ou par des formes qui obstruent le déploiement des dessins, par exemple des barrières ou des ratures qui annihilent la figure que l'on vient de tracer.

La plupart du temps, les noircissements ne doivent pas être dramatisés. Ils sont d'une teneur relativement banale si on rattache ces derniers à la fonction première du gribouillage : se libérer, se décharger de ses tensions. Que ceux-ci soient présents est donc parfois salutaire car le griffonneur évacue une tension ou une émotion. Les traits repassés prendront une valeur spécifique en fonction de l'emplacement dans la page et sur le dessin lui-même. On tiendra compte de leur fréquence ou de leur rareté dans les différents documents.

Le trait épouse des formes diverses, des plus douces aux plus violentes. D'une façon générale, les courbes sont en relation avec l'affectif. Ainsi les ronds, les boucles, les lassos, les guirlandes, sont des indices de sociabilité, de douceur, de séduction ou d'habileté selon les cas. Les formes souples traduisent une palette de sentiments et d'attitudes qui favorisent la sociabilité. Qu'il s'agisse de gentillesse, de générosité, ou de souplesse d'adaptation, elles nous renseignent sur un comportement dans le groupe, avec un désir d'échange et une volonté d'être avec les autres. La courbe et la rondeur se rattachent globalement au sentiment mais aussi à la conciliation, à l'empathie. Une dominante de courbes signale un idéal d'harmonie ou une recherche de facilité.

C'est la conjugaison, forme et pression du trait, qui donne un éclairage plus poussé. Ainsi, des courbes et un trait appuyé expriment une personnalité dont la dominante est le sentiment. Toutefois ce dernier existe sur un mode de passion, d'exigence, d'investissement intense. Par contre, des courbes associées à un trait léger trahissent une sentimentalité, un désir d'amour et de compréhension sur fond de timidité.

Les tracés pointus, en bâtons, en épée, en angles sont la marque de la volonté et de la combativité. Elles révèlent le sens de l'effort. C'est une capacité d'affrontement, la marque d'un tempérament éventuellement autoritaire. En tout cas, il s'agit de personnalités qui s'affirment, qui expriment leur individualité avec courage, indépendance, ou même avec dureté selon les cas. Les qualités spécifiques du trait et du mouvement – qui peuvent être fermes, bien maîtrisés ou rageurs – élargissent les hypothèses. L'angle exprime une volonté d'action.

LES DESSINS ABSTRAITS

LES DESSINS ABSTRAITS

CERTAINS GRIBOUILLAGES ont une dominante de formes abstraites alors que d'autres sont essentiellement figuratifs. Indépendamment de toute représentation, le geste par lui-même sert de base à l'analyse. Il est souvent la clé de l'interprétation. Nous avons vu que sa forme, sa direction, son emplacement ou la qualité du trait y contribuent. Certains tracés sont précis, d'autres informes ou difformes, d'autres encore sont à l'image des chimères, en partie concrets ou fantastiques. L'imaginaire n'a pas de limite et chaque forme initiale, qu'elle soit abstraite ou concrète, peut engendrer des constructions multiples, complexes ou très éloignées du trait initial.

Il est donc à la fois intéressant pour l'analyse mais en même temps erroné, de séparer complètement chaque dessin au sein d'une même production. Les chapitres qui suivent abordent les grandes figures qui reviennent le plus souvent dans les gribouillis. Ce découpage relatif est nécessaire à la présentation du processus créateur et projectif qu'exprime le gribouillage.

Mais il est bien sûr fondamental de tenir compte des constellations spécifiques que l'on rencontre pour chaque cas. Par exemple, un dessin informe peut évoluer avec des figures abstraites dans une construction bien structurée. Il peut aboutir à des formes géométriques. Avec le même fil conducteur, une figure géométrique, par exemple un rectangle, peut se transformer en cours de route en objet. Cela peut faire naître une maison, une valise, une locomotive avec ses wagons... Certaines formes basiques seront donc étudiées dans ce chapitre avec leurs extensions possibles. Par exemple, le carré constitué de traits horizontaux et verticaux est une composition fréquente dont on retrouvera les fondements dans les créneaux ou dans des barrières.

Que peut-on conclure de ces choix plus ou moins conscients ? D'une façon générale, les formes essentiellement abstraites surtout lorsqu'elles sont géométriques, expriment une dominante intellectuelle, une tendance à l'analyse, à la réflexion. Cela s'explique par le fait que la géométrie répond à un désir de comprendre l'univers dans ce qu'il comporte de structure et d'organisation. Pourtant, celui qui trace des griffonnages abstraits et géométriques n'est pas obligatoirement un exemple d'organisation ! N'oublions pas que le gribouillage a une fonction libératrice ou compensatoire.

Cependant, la prédilection pour ce type de figure signale une recherche d'ordre à un certain niveau. Il peut s'agir tout simplement d'une recherche compensatrice au désordre intérieur. Tracer des formes bien structurées, c'est tout d'abord mettre de l'ordre, chercher à cadrer, à limiter, à contenir et à maîtriser. Il s'agit donc soit d'une lutte intérieure entre les débordements spontanés et le sentiment de devoir se limiter pour être plus efficace, soit de la marque d'une personnalité parfaitement méthodique, voire méticuleuse. La qualité de l'ensemble devrait orienter vers l'un ou l'autre pôle. On tiendra compte également de la netteté du trait. La personnalité qui privilégie l'ordre aura tendance à mettre en vedette une symétrie et une géométrie. Les créatifs s'expriment plus volontiers par une abstraction inattendue, purement non figurative sans lien particulier avec le monde concret.

Les formes figuratives, par contre, sont la marque de personnalités plus pragmatiques mais également affectives, surtout lorsqu'elles font intervenir des animaux, des fleurs ou des objets familiers. Les tracés figuratifs qui mettent en scène le quotidien, ce à quoi l'on tient ou ce qui préoccupe dans la vie de tous les jours, expriment une personnalité qui est souvent sensuelle, qui s'inscrit dans son environnement concret.

Certains tracés font appel, au sein d'une même figure, à ces deux univers c'est-à-dire figuratif et non figuratif. Ceci est à l'image d'une personnalité à la fois pragmatique et intellectuelle. Il peut s'agir d'une liberté de l'imagination qui apporte du réalisme à des formes préalablement non identifiables. Cela peut aussi procéder à l'inverse d'une stylisation d'un objet ce qui est assez

Fig. 20 – *Mixité entre forme figurative et abstraction. La fleur, symbole d'épanouissement et de sentiment est stylisée en arabesques.*
Amélie, 23 ans, étudiante, exprime ainsi une composante à la fois affective et intellectuelle de sa personnalité. Les formes souples sont à l'image de sa diplomatie. Toutefois, ses crayonnages en rouge signalent un fonds de passion qui couve sous la délicatesse apparente.

fréquent. Par exemple on trace une fleur qui devient source d'arabesques ou de spirales (fig. 20).

D'une façon générale, on peut dire que les dessins abstraits sont liés à l'esprit, les dessins concrets à la matière, au domaine pratique. Les dessins qui représentent la vie (personnages, animaux) sont plutôt l'expression de la sphère relationnelle et affective.

Si le griffonnage est tout d'abord une expression libératrice et ludique, le test du gribouillis qui s'exerce dans une approche thérapeutique présente des recoupements avec notre sujet. Il offre un éclairage en ce qui concerne le côté abstrait des griffonnages. Son approche bien que totalement différente de l'état d'esprit du griffonneur, peut élargir l'investigation.

LE TEST DU GRIBOUILLIS

Considérant le gribouillage comme un graphisme instinctif, le psychologue Robert Meurisse s'est penché sur ce sujet afin de comprendre la personnalité profonde. Il a étudié ce que l'individu peut exprimer inconsciemment en se projetant dans ce geste. Ses recherches ont abouti à l'élaboration d'un test dans la première moitié du XXᵉ siècle.

Les consignes sont simples. On propose à la personne de gribouiller sur une feuille après avoir inscrit son nom et son prénom au milieu. Un crayon légèrement gras est l'instrument le plus approprié. En effet, cela lui permet d'appuyer à sa guise avec des effets produits intéressants car la mine peut donner des nuances assez différentes, du gris le plus léger au noir le plus sombre.

Face à ce test, certaines personnes se jettent spontanément dans le jeu, d'autres ont un blocage, hésitent à se libérer ou considèrent qu'elles vont faire quelque chose de peu présentable, voire quelque chose de sale. Certaines affirment même « je ne saurai pas le faire ». Pourquoi tant de réticences ? Cela s'explique par le fait que le gribouillage n'est pas un acte socialisé et qu'il ne répond à aucun code.

De plus, il laisse une trace à partir d'une impulsion que le sujet à su libérer sans y réfléchir au préalable. Il fait appel à l'instinct. L'hésitation à effectuer le test révèle une peur de ne pas avoir la maîtrise sur soi-même. En effet, si l'on se libère spontanément, on ne peut pas savoir d'avance à quoi va ressembler le gribouillage…

Le nom qui représente la personne elle-même prend une place significative au sein de ce tracé. En effet, il peut être entouré par des formes qui lui donnent du relief ou qui l'encadrent, il peut être barbouillé ou totalement effacé sous des traits qui lui suppriment la lisibilité, il peut être barré. Autant d'attitudes riches en indices car elles renseignent sur l'estime de soi dans le premier cas ou sur des attitudes de dénégation lorsque le nom est mutilé.

Cependant un passage souple et ample sur le nom n'a pas une valeur négative, bien au contraire celui-ci peut se trouver ainsi, bien intégré à l'ensemble du gribouillage. C'est ce que le Dr Corman a nommé le « gribouillis de sublimation » qui dénote un bon compromis d'adaptation entre les pulsions et le moi (fig. 21). Les gribouillis de refoulement au contraire, se caractérisent par une limitation de l'expansion. Ils révèlent des conflits intérieurs (fig. 22) ou des états dépressifs en particulier lorsque le crayonnage est en estompe (fig. 23).

On observera l'ambiance générale qui peut être sombre ou légère, avec des gestes tendus ou au contraire une mouvance qui procure une harmonie et de l'aération dans la page. L'utilisation de l'espace entre en considération, avec le passé à gauche, l'avenir à droite, l'idéal en haut et la matière mais aussi la « mère nourricière » en bas.

La dominante des mouvements peut exprimer un tempérament agressif avec des formes pointues ou souples avec des formes courbes. Dans ce test, il apparaît que les tempéraments virils ont une force agressive qui se décèle dans un tracé vigoureux où prédominent les angles et les droites. Les tempéraments féminins qui comportent davantage de douceur, se manifestent par des tracés courbes (voir respectivement fig. 24 et 25).

Dans la pratique du test, Robert Meurisse donnait des consignes très précises. Ainsi, il demandait de commencer à gribouiller en partant toujours du même endroit, précisément deux centimètres au-dessus du nom et de s'arrêter exactement au bout d'une minute et demie sans avoir levé le crayon.

Il est possible que cette consigne stricte lui ait permis d'effectuer des analyses comparatives d'un sujet à un autre. Cependant, par la suite, certains praticiens ont modifié la consigne en lui apportant quelques assouplissements. En effet, les hésitations, les levers de crayon, les inhibitions, la rapidité ou la lenteur à effectuer le gribouillage sont autant d'éléments révélateurs. Octroyer plus de liberté peut finalement procurer davantage d'informations.

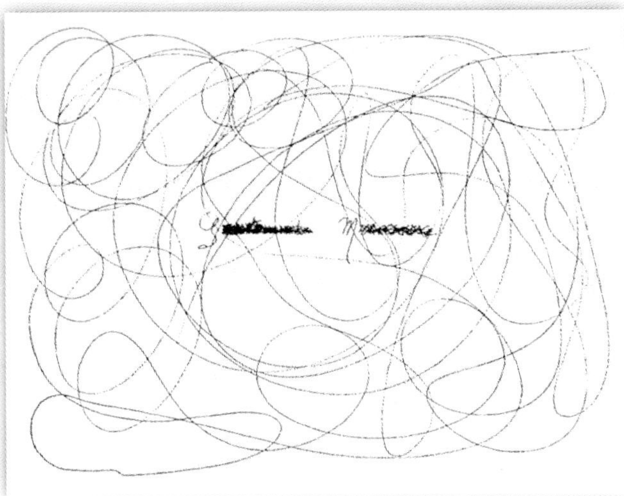

Fig. 21 – *Gribouillis de sublimation. Le tracé est souple et prend toute son expansion en passant sur le nom dans des courbes aérées. Les pulsions sont en harmonie avec le moi.*

Fig. 22 – *Gribouillis de refoulement. Le geste est contenu et raide. Il écrase le nom qui est illisible sous des traits agressifs. C'est la marque de conflits intérieurs.*

Fig. 23 – *Gribouillis dépressif en estompe.*

Fig. 24 – *Gribouillis de type masculin effectué par une jeune fille. Les lignes droites, obliques et verticales prédominent et indiquent un comportement viril.*

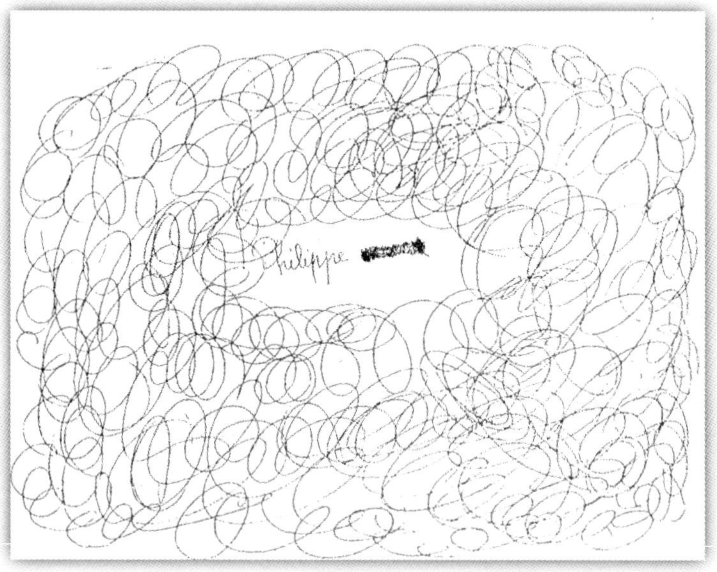

Fig. 25 – *Gribouillis de type féminin effectué par un garçon. Les courbes dominent et tracent des lassos avec effervescence ce qui traduit un fonds d'agitation.*

Le Docteur Corman a utilisé ce test en psychologie autant avec des enfants qu'avec des adultes. Il choisit des consignes plus souples et s'en servit pour établir des diagnostics sur le plan psychique ainsi que pour confirmer l'évolution en cours de psychothérapie.

Sur ce plan, l'évolution des gribouillis au fil des séances permet de suivre les progrès accomplis et les transformations que le patient assume au fur et à mesure qu'il prend conscience de lui-même. Si l'on souhaite utiliser ce test, il est donc recommandé de l'effectuer à plusieurs reprises. On peut l'échelonner sur plusieurs mois et constater les changements qui s'opèrent. De même, il peut mettre en évidence des périodes de régression, de refus ou de blocage, et être annonciateur de transformations constructives au sein de la personnalité, à l'image des difficultés qui se dénouent. Il n'est pas exclu d'ailleurs de faire parler le patient sur le gribouillage qu'il a effectué. Des associations d'idées peuvent émerger.

LES FORMES GÉOMÉTRIQUES

Les formes géométriques sont apparues très tôt dans l'art pictural. Cercles, carrés, triangles, sont présents dans l'ornementation et dans l'architecture. Ces figures se prêtent plus que d'autres à l'expression d'un rythme. Par leur jeu éventuel d'alternance, elles donnent une sensation de mouvement ; elles sont décoratives. Elles peuvent aussi produire une impression d'équilibre voire de perfection lorsqu'elles s'organisent en symétrie. Bien qu'elles soient simples dans leur représentation, elles n'en sont pas moins importantes. Elles traduisent une pensée, elles répondent à des lois mathématiques, elles symbolisent l'univers.

Parmi celles-ci, le cercle, le carré, le triangle, ont une signification universelle. D'autres offrent des constructions plus personnalisées. Nous aborderons ces différentes figures en les regroupant à partir de lignes de force, par exemple la courbe avec le cercle et la spirale, l'angle avec le carré ou les créneaux. Étant donné que chaque griffonnage est unique, c'est en recherchant ce qui sous-tend sa dynamique que la personnalité se révèle.

Il arrive que la géométrie tienne compte de la perspective. Le cercle devient sphère, le carré se transforme en cube, le triangle se fait pyramide. Les griffonneurs de formation scientifique ou d'esprit technique privilégient la perspective bien que cela ne soit pas systématique. À l'inverse, dessiner des formes géométriques en trois dimensions signale en général de bonnes capacités d'abstraction mais cela n'est pas obligatoirement la signature d'un esprit scientifique. Remarquons toutefois qu'une figure dessinée en perspective fait apparaître l'objet avec ses différentes faces. Le dessinateur aborde a priori une question, en tenant compte de plusieurs facettes. La représentation en perspective suggère donc une capacité d'abstraction et d'observation des idées sous des angles différents.

LE CERCLE

Seul, ou tracé en séries, le cercle tient une bonne place au sein des prises de notes, des agendas et autres supports. Il est assez fréquent. Selon les cas, il apparaît comme la composante d'une figure plus vaste, ou comme ornementation. Il trône avec relief ou se dilue dans des chapelets de petits ronds plus ou moins bien formés. Bien que la base de l'analyse soit identique car elle comporte des points communs, on pourra dissocier le cercle de recentrage, qui s'apparente au souci de géométrie, aux ronds multiples qui épousent des formes de cocon dont la signification est plutôt régressive.

Quel est le symbolisme du cercle ? De nombreuses philosophies attribuent à celui-ci une valeur de perfection. Il est une représentation de l'univers. Dès l'Antiquité, il est considéré comme un point étendu qui peut s'élargir à l'infini. En effet, tous les lieux de la circonférence se rejoignent au cœur de cette figure. Celle-ci prend donc valeur de centre et d'infini. Dans ce sens, elle représente l'existence (le point) mais aussi l'illimité, le cosmos. Philosophes et théologiens lui ont attribué une signification spirituelle. Elle symbolise le Ciel en opposition avec le plan terrestre qui lui, est représenté par un carré. Elle est le début et la fin, l'image cyclique de l'univers. Le cercle représente le temps, les différentes phases de la vie, de la mort et de la renaissance.

La tradition grecque antique a représenté cette idée de cycles par l'Ouroboros. Il s'agit d'un cercle formé par un serpent qui se mord la queue, ce qui signifiait l'union du terrestre (le serpent) et du céleste (le cercle) dans le mouvement continu des cycles de la vie, une façon de représenter l'éternel retour.

Dans la tradition celtique, le cercle a une valeur magique. Il comporte une notion d'absolu. Dans certains cas, il est une limite infranchissable au-delà de laquelle le contrevenant s'expose à un combat singulier. Dans cette conception, il se rattache au divin avec des applications religieuses.

Dans différents rituels, il représente une protection et porte une signification magique.

Sur un plan psychanalytique, C.G. Jung considère le cercle comme l'archétype de la totalité de la psyché. Il représente le Soi. Il s'agit d'un processus intérieur, distinct de la personnalité consciente, qui tend à guider l'être vers un plus grand accomplissement pour aboutir à l'harmonie. Ce que C.G. Jung a nommé le Soi a été perçu et exprimé différemment selon les époques et les cultures. Certains l'ont appelé le « guide intérieur », Socrate l'avait nommé le *daimon.* À l'époque romaine on évoquait le « génie » inné de l'individu.

Le cercle comporte donc de nombreux plans d'interprétation mais sa signification se rattache essentiellement à la perfection, à la puissance de vie, à la notion de temps avec ses cycles et leur renouvellement. Il contient un potentiel. Il promet un déploiement. Il peut aussi être à l'image d'un cycle ou d'une étape que l'on attend. On dit par exemple « la roue tourne » pour évoquer le changement. Par extension, le cercle se retrouve dans des représentations variées telles que des roues ou le rayonnement solaire.

Dans le griffonnage figure 26, les cercles avec leurs rayons sont présents en nombre pair. Ceci évoque une dualité car le chiffre pair offre une symétrie potentielle, une chose et son contraire. Dans ce dessin, les cercles sont en équilibre comme sur une balance avec un grossissement sur la droite. Le socle est agrémenté de deux flèches allant en sens opposé, l'une vers l'avenir, l'autre vers le passé. C'est aussi une dualité entre les autres (à droite) et soi-même (à gauche). La dynamique des cercles, animés de leurs rayons, traduit des aspirations à avancer et à créer, d'autant plus que les cercles sont de plus en plus gros en direction du futur. Cependant, les projets (la partie supérieure) reposent sur un pilier qui annonce une division entre l'attache au passé et l'aspiration à faire évoluer la situation. Les multiples griffonnages de cette personne montrent un potentiel et un désir d'accomplissement avec des hésitations dont cette figure illustre la difficulté de choix. Elle trace par ailleurs d'autres roues avec des lignes transversales en toile d'araignée.

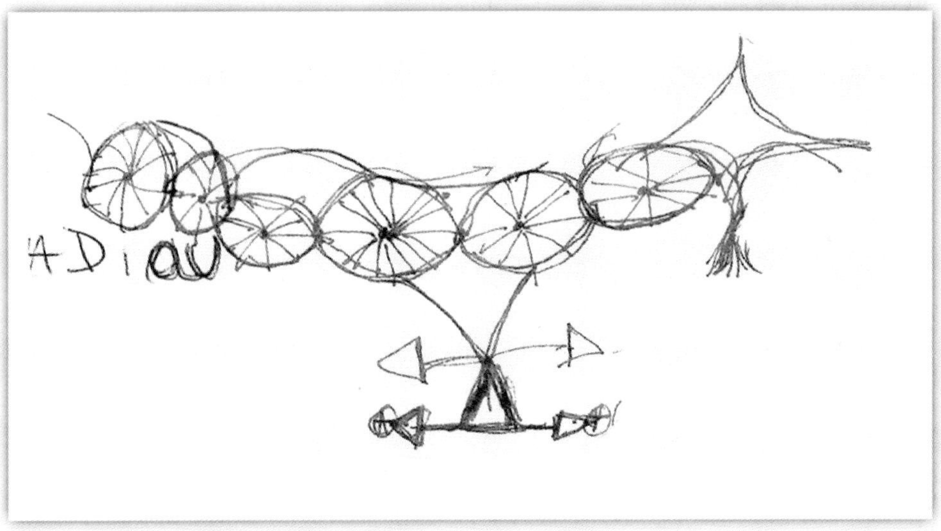

Fig. 26 – *Christine, 47 ans, secrétaire, trace des roues multiples, des cercles animés par le tracé des rayons. La symétrie souvent présente dans ses dessins, ici avec des flèches qui vont en directions opposées, trahit ses indécisions et ses craintes qui freinent sa créativité.*

La signification est différente lorsque la forme circulaire est présente non pas comme figure centrale mais comme une multitude de bulles, de perles, ou de petits ronds plus ou moins en chapelet, accolés les uns aux autres. Dans ce cas, la notion éventuelle de centre est noyée dans la pluralité et l'interprétation procède plutôt d'une analyse de la forme et du geste indépendamment d'une recherche purement symbolique. Nous avons vu que la rondeur évoque l'affectif, le féminin et la douceur. Cela se rattache à l'oralité, à cette période de l'enfance qui fait prédominer les sensations et la satisfaction immédiate liée au réconfort et à la nourriture. C'est la traduction d'une personnalité gourmande ou affective, ou les deux à la fois (fig. 27). Cette composante exprime une intolérance à la frustration, une difficulté à reporter à plus tard la satisfaction des désirs, un peu comme l'enfant qui exige un aboutissement immédiat à ses demandes.

Il peut s'agir selon la qualité des traits et des formes (qui peuvent être soit ouvertes soit bien verrouillées), d'une avidité affective et matérielle ou de préoccupations narcissiques. Les petits cercles multiples signalent une forte demande affective et parfois des compensations aux frustrations qui se reportent sur la nourriture. Il s'agit donc d'une demande d'amour et de douceur. C'est aussi la marque d'un repli sur soi ou d'une difficulté relationnelle si ces dessins sont systématiques et récurrents. La cause peut en être la timidité, la crainte de déplaire, ou un besoin d'être rassuré sur le plan affectif.

Il va de soi que le cercle parfait est plutôt rare dans les griffonnages (figure qui signifierait dans ce cas un excès de perfectionnisme). Certaines formes circulaires frôlent l'ovale plus que le cercle. Dans ce cas le dessin s'apparente à la symbolique de l'œuf. Il n'évoque plus une notion de cycle mais au contraire la richesse présente qui est encore contenue. Il est le potentiel dont on est porteur. C'est une maturation qui est en train de s'effectuer, une gestation en somme, une richesse latente qui est prometteuse si on ose l'exprimer. La forme ovoïde est le germe par excellence qui ne demande qu'à croître. Tracer des formes ovales est souvent la marque d'un potentiel créateur dont la personne peut être consciente ou non. On peut avoir des dons à libérer.

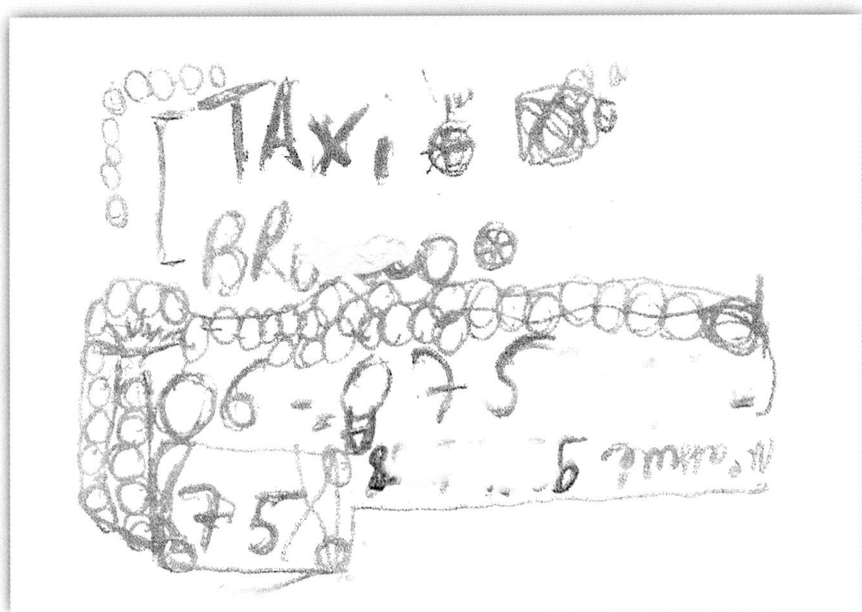

Fig. 27 – *Ces multiples petits cercles agglutinés en chapelets ou en frises, expriment la demande affective et la gourmandise. Les cercles presque toujours noircis, repassés ou remplis d'encre, traduisent un fonds d'anxiété. Frédérique, 55 ans, lutte contre des accès de boulimie qu'elle n'arrive pas résoudre.*

LA SPIRALE

Sa formation part d'un point et se déroule dans un mouvement d'expansion incessant. C'est un motif dont le tracé est courbe et dont la forme est ouverte. Celle-ci évoque un mouvement qui se prolonge à l'infini autant dans l'évolution vers l'extérieur que dans le processus d'involution vers l'intérieur.

Présente dans le règne animal, par exemple dans les coquillages, ainsi que dans le règne végétal (les vrilles de la vigne), elle apparaît très tôt dans l'art pictural. Elle figure sur des idoles du paléolithique, sur les vases étrusques, dans les sculptures médiévales.

Elle occupe une place privilégiée dans les premières représentations celtiques, en particulier les triskèles mégalithiques qui comportent trois spirales agencées autour de l'axe d'un cercle fictif. Dans la métaphysique celtique, les spirales manifestent les énergies en œuvre dans l'univers, le processus d'évolution. Le déroulement et l'enroulement à partir d'un centre sont à l'image du monde en mouvement illimité.

À différentes époques et dans de nombreuses contrées, la spirale représente le processus créateur de la vie. C'est le cas dans la tradition dogon, qui lui associe le principe même de l'existence. Dans ce concept, elle est la vibration créatrice de l'univers.

On la rencontre dans toutes les cultures. Elle se rattache aux mythes de fécondité, aux divinités lunaires, au déroulement inexorable de la vie. Elle représente le voyage qu'accomplit l'âme du défunt après la mort, vers sa destination finale. Cette idée en particulier, est exprimée par la double spirale qui manifeste la double polarité, enroulement et déroulement. Cette représentation est répandue dans l'art crétois. Dans ce contexte, elle se rattache précisément à la conception de mort et de renaissance. Elle représente le lien avec l'au-delà, assurant une continuité entre les deux mondes et prenant de ce fait une signification magique tout en étant décorative.

Nous en retiendrons la notion d'évolution et de progrès incessant. Dans tous les cas, la spirale évoque la permanence de l'être dans sa mobilité.

La spirale tracée seule, n'est pas extrêmement fréquente dans les griffonnages. Elle coexiste la plupart du temps avec des figures plus complexes. Elle apporte toujours une dynamique et met de la vie dans un graphisme qui peut être très simple. Elle peut devenir un tourbillon comme c'est la cas dans la figure 28. Dans cet exemple, les boucles multiples traduisent de l'agitation mentale.

D'après la psychanalyste Geneviève Haag, l'apparition du dessin de la spirale chez l'enfant d'environ trois ans, fait apparaître un sens de rotation fortement préférentiel. En dehors de toute imitation, il semble que l'enfant adopte d'emblée un déroulement à partir du centre, en tournant dans le sens anti-horaire et un enroulement à partir de la périphérie dans le sens horaire lorsqu'il trace une double spirale (fig. 29). En cas de pathologie, il semble que le sens de la spirale soit inversé. L'enfant aurait tendance à la tracer dans le sens horaire. C'est ce que Geneviève Haag a nommé la « spirale paradoxale ». Davantage de recherches statistiques mériteraient d'être menées sur ce processus, notamment pour vérifier cette hypothèse auprès d'enfants droitiers et gauchers. Les gribouillages d'adultes sont donc à utiliser avec précaution dans cette optique. Il serait imprudent d'y déceler la normalité ou la pathologie. On peut toutefois remarquer que le mouvement anti-horaire est une gestuelle assez naturelle du moins pour un droitier.

On tiendra compte du geste final qui donne une direction vers le haut, l'idéal, vers le bas, la matière ou à gauche et à droite selon que prédomine l'intérêt pour le passé ou pour l'avenir. Cependant, la spirale considérée avec précaution comme « normale » peut évoquer le processus de la vie, de l'incarnation, de la pénétration dans la matière et de ce fait, le sens inverse celui d'un désir conscient ou inconscient de s'affranchir du plan matériel soit un retour au spirituel.

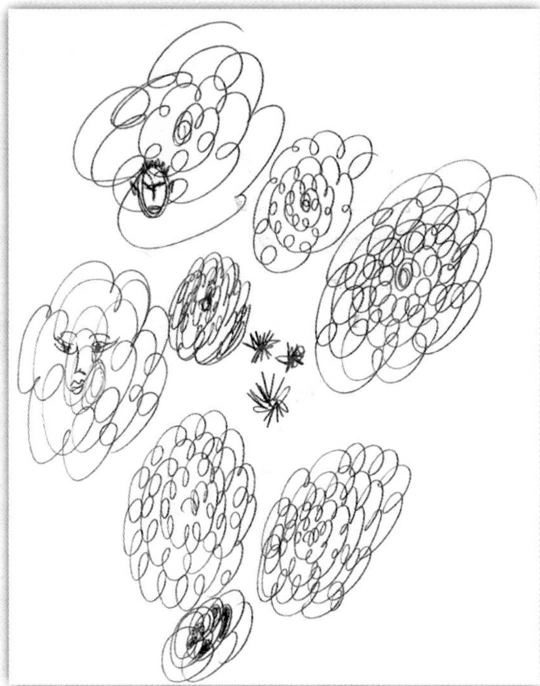

Fig. 28 – *Ces spirales multiples sont formées par des boucles bien serrées et comportent des noircissements. Elles couvrent des pages entières et traduisent un fond d'inquiétude et d'agitation. Leurs courbes évoquent de l'habileté et leurs formes closes, une attitude secrète.*

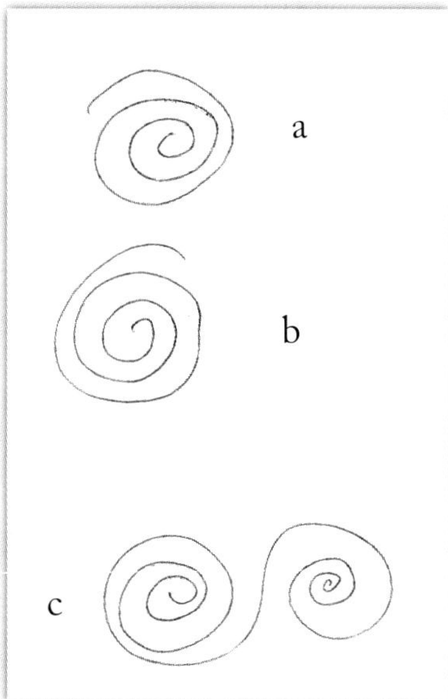

Fig. 29 – *Dessin de la spirale anti-horaire (a). Spirale paradoxale (b) tracée dans le sens horaire. La double spirale (c) est le symbole de l'évolution et de l'involution. Par ses enroulements et son mouvement double, elle figure dans des gestes d'alternance de repli sur soi et d'intérêt pour les autres.*

La spirale paradoxale tracée par Roland Dubillard (fig. 30) est de cet ordre-là. Sous cet éclairage, le dessin en marge de son manuscrit « Naïves Hirondelles », prend tout son sens. Cet écrivain qui a traité l'humour et le dérisoire, a quelque parenté avec le « théâtre de l'absurde ». La spirale est ici comme une interrogation sur le sens de la vie.

Le dessin de la spirale a donc plusieurs niveaux d'interprétation. Nous en retiendrons l'aspect dynamique, la caractéristique qui tend à l'expansion, à l'élargissement. Elle est un vecteur de création ou d'énergie qui va croissant, qu'il s'agisse d'une qualité de réflexion, d'un potentiel ou d'un désir de puissance.

Tracée avec effervescence, elle est la marque de l'insatisfaction et de l'agitation. C'est ce qui transparaît dans les dessins de Kevin, 11 ans, dont les multiples dessins sont d'une nervosité extrême. Dans la figure 31, une spirale est noyée au cœur d'un tourbillon qui se termine par un crochet agressif. Dans le même temps, il trace des doubles cercles en forme de huit. Les fermetures de ces derniers alertent sur une tendance au repli sur soi et aux cachotteries.

Le huit symbolise l'infini car on peut tourner en rond dans ce dessin indéfiniment dans son tracé. Il manifeste une difficulté à sortir de ses problèmes ou parfois une façon de s'y complaire. Ceci n'a rien à voir avec les formes en hélice qui occasionnent des frises ou un mouvement incessant dont la signification est plus positive (fig. 32 et 33). Indépendamment de la recherche esthétique, les formes en hélice peuvent être particulièrement toniques comme une maturation qui se prépare puis s'élance brusquement (fig. 33).

Fig. 30 – *Dans cette architecture complexe à l'image d'un homme animé de tourments, la spirale illustre par sa forme pure, des questions métaphysiques qui sont sous-jacentes. Roland Dubillard, acteur et écrivain, a usé d'humour, de dérision en frôlant parfois le sens de l'absurde.*

a

b

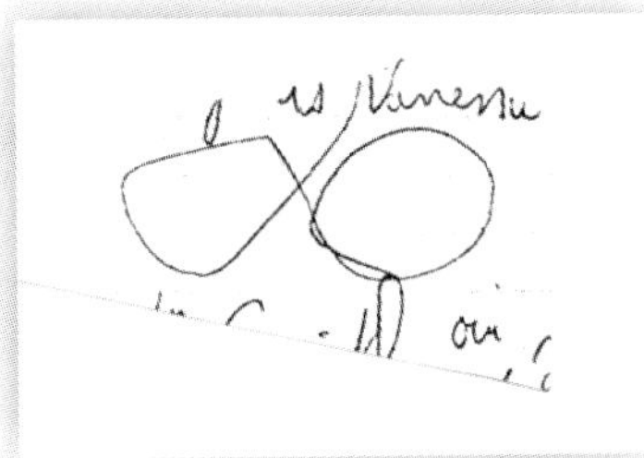

Fig. 31 – *Les spirales de Kevin, 11 ans, sont noyées dans un gribouillage agité. Le point de départ est particulièrement noirci, ce qui traduit l'inquiétude de l'enfant. Les formes en huit couché (b) qu'il trace à la même période montrent sa tendance au repli sur lui-même. Ses griffonnages indiquent qu'il a besoin qu'on l'aide pour communiquer.*

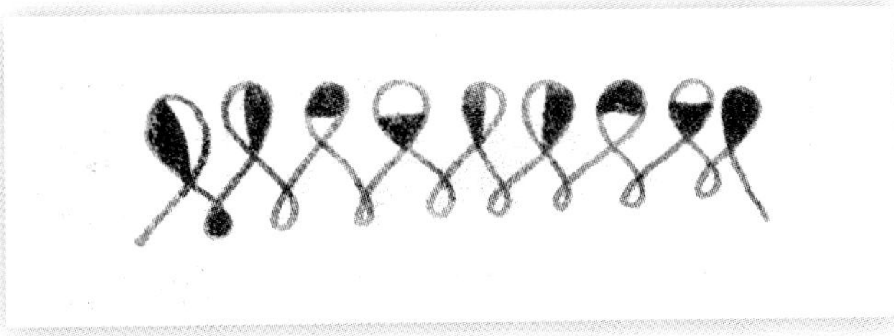

Fig. 32 – *Cette frise est la marque d'une attitude progressive, malgré la lenteur du dessin qui traduit la réflexion. On remarque la symétrie systématique et la dualité entre le haut et le bas, la gauche et la droite, le noir et le blanc.*
Marine, 28 ans, assistante en ressources humaines, exprime ainsi des interrogations, des dualités mais aussi une volonté d'aborder une question sous toutes ses facettes. Ceci concorde avec une série d'autres dessins.

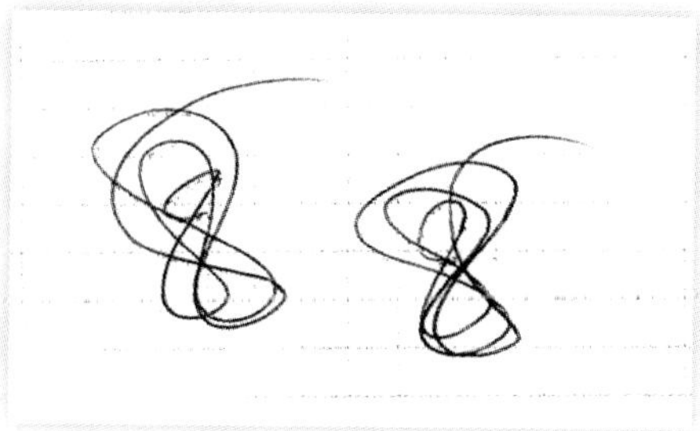

a

b

Fig. 33 – *Ces hélices très appuyées jalonnent les agendas et les brouillons de Corinne, 39 ans, enseignante. Avec une pression forte et un trait net, le geste accomplit plusieurs fois ses boucles avant de se libérer brusquement en haut et à droite* (**a**). *C'est un tempérament volontaire et créateur, qui retarde ses réactions. Celles-ci n'en sont pas moins intenses.*
À 47 ans, ses dessins (**b**) *ont évolué et sont devenus plus vastes et plus souples, moins repliés sur eux-mêmes. Sa personnalité s'est transformée. Elle est plus ouverte, moins centrée sur elle-même. Il y a davantage de souplesse.*

LE CARRÉ

Parmi les deux grandes figures basiques que sont le cercle et le carré, ce dernier octroie une solidité. Alors qu'une forme circulaire ou sphérique évoque le mouvement, les changements multiples de la vie, voire la « roue du destin », le carré apporte la fixité. À l'évidence, un objet cubique ne roule pas aisément. Si on le lance, il s'arrête rapidement. La forme carrée représente la stabilisation.

L'espace terrestre est déterminé par les quatre points cardinaux. En Chine, le carré signifie la terre alors que le cercle représente le ciel. Il symbolise la matérialisation. Il évoque le concret.

Du fait qu'il comporte des angles, on ne le trace pas d'un geste impulsif comme cela est possible pour les mouvements circulaires. Le carré, de même que le rectangle, exige un peu d'attention et d'observation. S'il correspond à une notion d'arrêt, il ne veut pas dire stagnation. Au contraire, il traduit un souci de matérialiser, de concrétiser et de procéder en tenant compte des réalités.

Le carré a donc valeur de logique et de rigueur car il implique une réflexion, un arrêt dans le mouvement qui le trace pour faire coïncider les quatre côtés. Il répond à un souci de logique, à un désir de comprendre et à une volonté de matérialiser. Le carré et le rectangle sont plus fréquents chez les griffonneurs qui ont des préoccupations concrètes, qui s'efforcent de bien gérer le côté pratique.

On notera bien entendu la netteté des formes, des angles. Un carré crayonné avec un tracé mou n'aura pas la même valeur que celui qui a un relief énergique ou clair. À cause de l'angle et de la notion de stabilité que cela implique, on peut associer au carré, le rectangle en général. Notons toutefois que le premier tend davantage vers l'idée de perfection, de stabilité, d'immobilisme. Il est un recentrage sur soi-même alors que le rectangle va privilégier le plan spirituel s'il est vertical ou relationnel et dynamique s'il s'étend de gauche à droite.

En oblique il prend une direction qui est celle de l'optimisme ou de l'ardeur s'il est montant. Orienté vers le bas, il traduit des questions d'affirmation ou de volonté à matérialiser sur un mode énergique (parfois en forçant les situations).

Il arrive que les angles soient ornés de finitions en croix, en étoile ou en triangle comme c'est le cas dans la figure 34 . À la pensée logique, au désir de matérialiser, indiqués par les rectangles, s'ajoute une volonté de finaliser, de contenir la situation, de bien maîtriser. Les triangles en aiguillons noircis sont à l'image d'un système de défense bien aiguisé. L'insistance des croix noircies est la marque de la détermination.

L'affirmation de soi est plus nuancée dans la figure 35 avec des étoiles dont la pression et le nombre de rayons sont variables. L'esprit est déductif et pragmatique comme dans l'exemple précédent mais offre a priori plus de souplesse, ce qui serait à confirmer par d'autres griffonnages.

La multitude de carrés agglomérés en haut de page, prend une autre signification dans les dessins de Sabine (fig. 36) qui utilise les carreaux du bloc-notes. Elle en atténue les angles et leur apporte ainsi de la rondeur et une certaine douceur. Cette figure qui évoque la stabilisation et la matérialité est paradoxale collée à la partie supérieure de la page. Cette dernière symbolise l'idéal, l'esprit, à l'opposé du bas qui est plus matériel et concret. Sabine construit des plans dans l'imaginaire. Elle aspire à concrétiser mais elle ne tient pas compte des réalités terre à terre. Elle part de son idéal (le haut) pour bâtir, avec tous les dangers que cela comporte ou le risque de désillusion que cela représente. La forme répétitive traduit par ailleurs une obsession à réaliser un idéal. Le choix de la couleur bleue (qui symbolise la sensibilité) et la douceur de l'ensemble sont à l'image de la gentillesse de cette jeune femme.

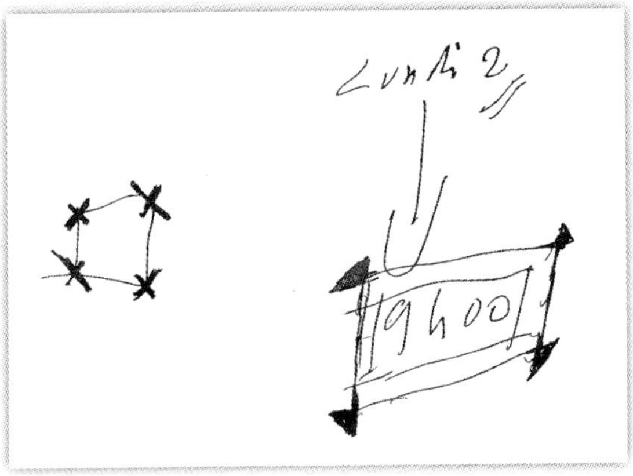

Fig. 34 – *Les carrés et rectangles de recentrage sont fréquents dans les griffonnages de Jean-Pierre, 52 ans, responsable technique. Les quadrilatères indiquent un esprit concret, un souci de logique et d'efficacité. Les croix tracées avec insistance pour verrouiller les angles signifient un tempérament volontaire et un souci de maîtrise.*

Fig. 35 – *Les rectangles en oblique dans les dessins de Gilles, 54 ans, entrepreneur, sont souvent ajustés en échelle. Outre le souci de logique et d'efficacité, cette configuration traduit un désir d'ascension sur le plan personnel ou matériel.*

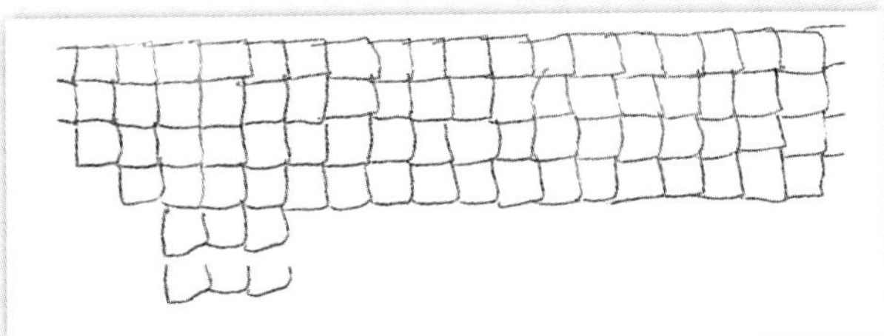

Fig. 36 – *Sabine, 29 ans, secrétaire, agglomère des carrés à partir du haut de la page. Cela évoque le désir de construire son idéal et de bâtir des projets. Toutefois l'ensemble est « suspendu » et manque d'assise. Elle construit dans l'imaginaire sans tenir compte du concret.*

LE DAMIER

Le carré se prête particulièrement à l'élaboration d'un damier. Le jeu d'alternance avec le noir et blanc, est à l'image de tous les contrastes qui s'articulent par effet d'opposition : le jour et la nuit, le bien et le mal, une chose et son contraire. Le damier illustre parfaitement la dualité de l'univers.

Le noir et le blanc opposent la lumière et l'ombre. La clarté et l'obscurité sont à l'image des dualités que l'on porte en soi. Ce sont les énergies ou les contradictions qui sont au cœur de conflits intérieurs. Jean Chevalier exprime dans ses recherches sur le symbole, à quel point le damier ou l'échiquier, illustre une situation conflictuelle. « Le conflit qu'il exprime peut être celui de la raison contre l'instinct, de l'ordre contre le hasard. » On y verra une recherche de lucidité au sein des contraires, une réflexion, une logique d'opposition, une démarche intellectuelle qui pèse le pour et le contre.

Ce point de vue est à prendre en considération autant pour un damier fait de carrés que de losanges, car c'est l'alternance du jeu d'opposition qui sous-tend la signification. Les jeux de damiers ou d'échecs énoncent un enjeu, une partie à gagner. C'est tout ou rien, on en sort vainqueur ou perdant sans demi-mesure. De plus, il y a toujours une issue, simplement, il va falloir décider sans se tromper. L'erreur de stratégie peut être fatale.

Sur le plan spirituel, les échiquiers offrent une partie à jouer avec la destinée. Ils représentent l'existence, l'homme est celui qui va engager la partie avec chacun de ses actes.

Les damiers indiquent souvent de fortes tensions psychiques et manifestent un conflit intérieur, des oppositions entre la raison et l'instinct. Ils sont la marque d'interrogations en pesant le pour et le contre.

Ils représentent une recherche d'équilibre entre les extrêmes (rien ne peut être tout blanc ni tout noir). Dans certains cas, ils expriment la cérébralité, une recherche du sens de la vie. Il arrive qu'ils comportent le sentiment profond de l'absurde ou des questions sur la destinée humaine. Quelquefois, le griffonneur trace un échiquier ou un damier à un moment crucial de sa vie, lorsqu'il sait qu'il va faire un choix décisif dans son existence et qu'il ne veut pas se tromper.

Dans l'interprétation, on évitera d'identifier les damiers aux figures plus complexes qui tiennent compte de la perspective, telles que les cubes dont les faces parfois ombrées signalent plutôt un souci de réalisme et de matérialisation. En effet, le volume ainsi tracé, atténue et fait disparaître le jeu d'opposition systématique qui est présent sur la surface plane des damiers. Dans ce cas, le noircissement des faces d'un cube répond davantage au temps que l'on se donne pour approfondir une réflexion.

LES CRÉNEAUX

Frises décoratives, alignements méthodiques, les créneaux s'exécutent en général lentement. Par leur mouvement horizontal puis vertical qui est répété régulièrement, ils mettent l'accent sur une réalisation lente, appliquée, réfléchie. Le geste vertical est celui de l'affirmation, le trait horizontal relie le passé à l'avenir. Ce dernier s'inscrit dans une dynamique relationnelle. Il est une avancée vers le futur. L'alternance qui occasionne souvent les reprises à la jonction des angles, suggère de l'intériorisation, voire des hésitations autant dans l'affirmation de soi que dans la mise en œuvre des projets. Cela ne veut pas dire que leur auteur soit inefficace pour autant. Par contre, ces gestes s'inscrivent dans une qualité de réflexion, une acceptation de se donner du temps pour aboutir ou pour formuler ce qui doit être exprimé tôt ou tard.

Tour à tour en creux puis en relief, les créneaux peuvent manifester une ambivalence sexuelle, une recherche d'équilibre entre le masculin et le féminin que chacun porte en soi. Cela ne signale pas particulièrement de problématique sexuelle d'ailleurs, mais plutôt une capacité à concilier harmonieusement ces deux pôles au sein de la personnalité. Par exemple un homme tend à assumer son côté intuitif, irrationnel, ou peut-être artiste, une femme cherche l'unité entre sa féminité et l'affirmation dans sa vie extérieure. Pour affiner l'analyse, la qualité du trait, sa puissance, les reprises éventuelles ou la netteté des angles permettront d'orienter les motivations.

À partir des créneaux typiques, se construisent des figures parfois plus complexes ou plus recherchées. Dans les dessins de Fabrice, figure 37, notons une évolution effectuée sur plusieurs années. Tout d'abord, les quadrilatères ajustés en chaîne sont associés à des carrés noirs ou blancs accolés verticalement. Ces dessins ont laissé place progressivement à des figures plus souples et plus légères cinq ans après. Que peut-on en conclure ? Les enchaînements verticaux représentent un désir d'ascension, source de tension (avec l'opposition du noir et du blanc). Quelques années plus tard, ils n'existent plus et sont remplacés par des flèches qui indiquent l'émergence d'un projet. En même temps,

Fig. 37 – *Formes abstraites.*

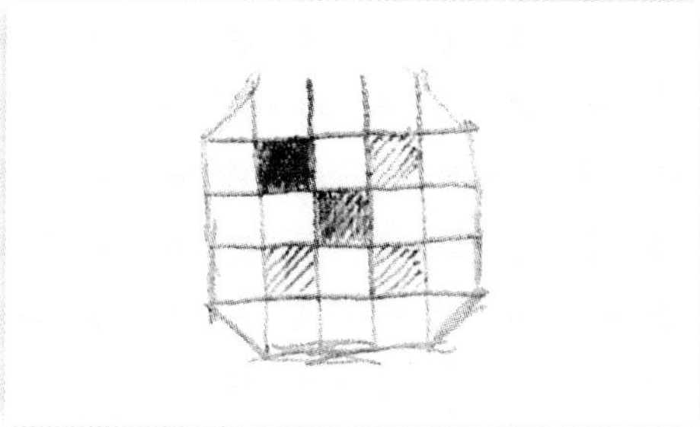

a

(a)
Les damiers représentent des conflits psychiques ou des questions sur la destinée.

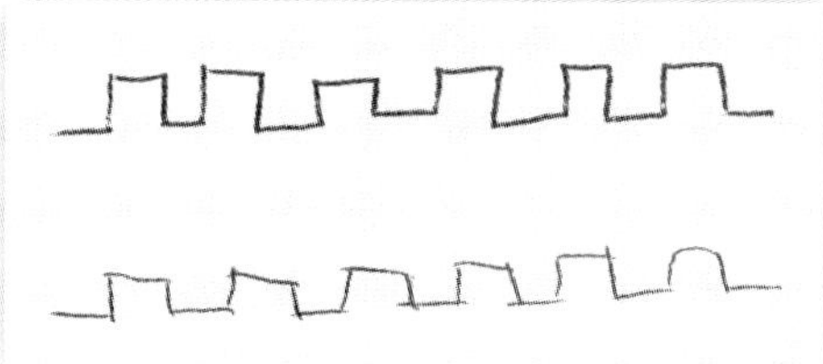

b

(b)
Les créneaux indiquent une progression lente et régulière vers le but qu'on se fixe. Ils peuvent être affirmés avec une bonne pression ce qui indique de la détermination. Ils sont parfois hésitants avec de nombreuses reprises et signalent des phases de réflexion et d'intériorisation sans perdre son fil conducteur pour autant.

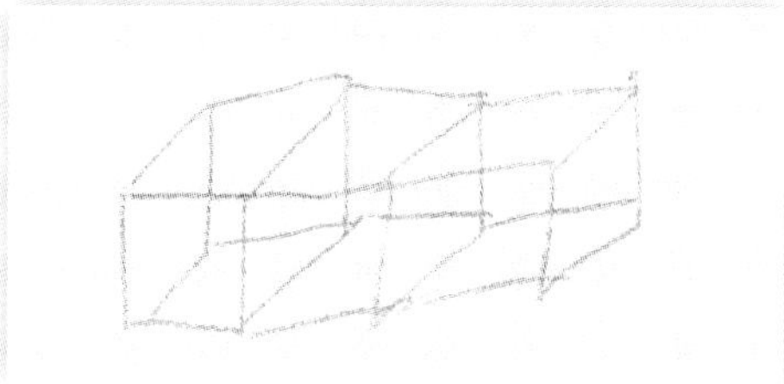

c

(c)
La géométrie en perspective est la marque de capacité d'abstraction, d'une aptitude à voir un problème sous différentes facettes.

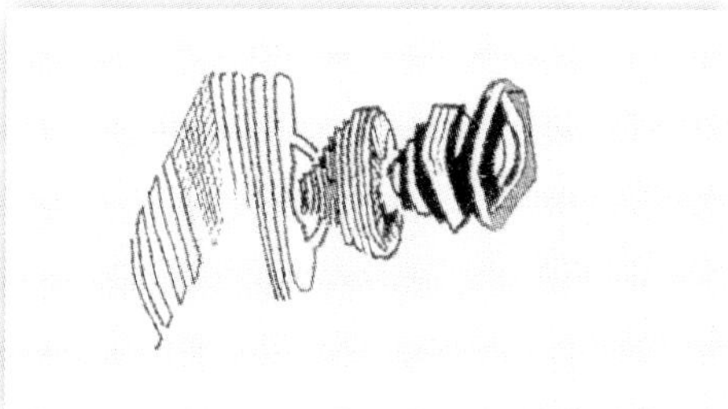

d

(d)
Cette géométrie aux formes télescopiques est une représentation phallique. Le symbole sexuel n'est pas toujours tracé consciemment.

l'alternance de carrés se fait avec plus de légèreté. Des formes en perspective apparaissent également. Fabrice a trouvé la voie qui lui convient, ce qui se traduit dans ses dessins par une libération de l'énergie et une meilleure appréciation du réel (la perspective). Des traits informes en tourbillon, sur la droite, signalent l'incertitude mais aussi l'effervescence liée au désir de se lancer (les flèches).

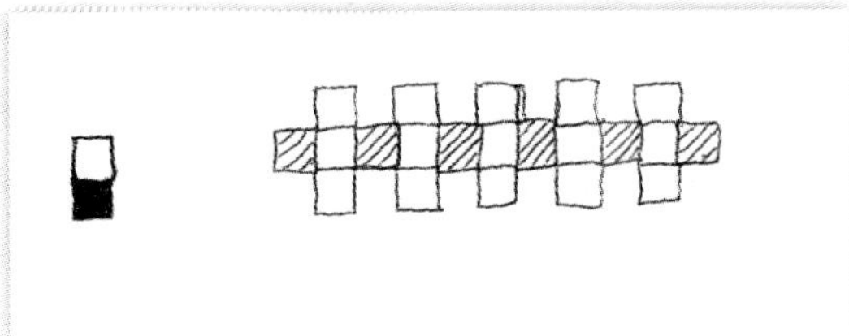

a

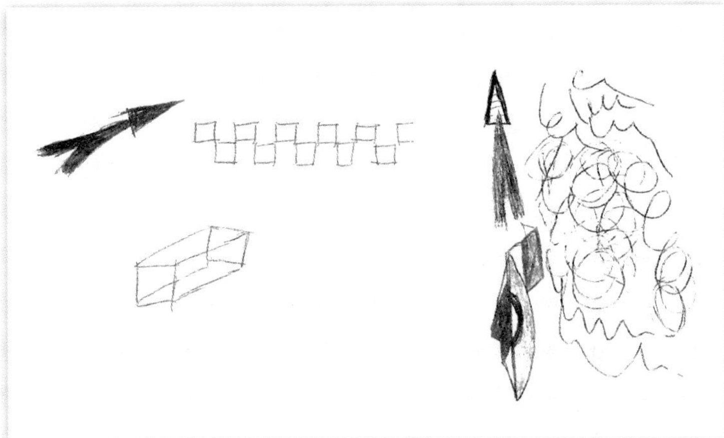

b

Fig. 38 – *Fabrice, 30 ans, conseiller en médecine naturelle, a longtemps cherché sa voie. L'évolution de ses griffonnages sur cinq ans fait apparaître ces transformations avec des dessins bien cadrés au départ et plus tumultueux ensuite. Il trace des flèches avec intensité au moment où il décide de se lancer.*

LA CROIX

La croix est une figure fondamentale chargée d'une signification universelle. Par ses quatre branches, elle est en analogie avec le carré. De ce fait, elle se rattache à la symbolique de la terre.

Elle sert depuis toujours à définir l'orientation spatiale, les quatre points cardinaux. Dans ce sens, elle évoque bien le plan terrestre. Mais sa signification n'est pas uniquement pragmatique : elle fait office de croisée des chemins, ce qui questionne sur la route à prendre. Elle propose de se situer.

Elle est à la jonction du matériel et du spirituel car elle évoque le carré et en même temps, c'est une figure ouverte. Le point central peut être considéré comme une limitation puisqu'il est défini, et comme un passage, car il est au centre de toutes les possibilités d'expansion indiquées par la direction des branches. Cette idée est présente dans la représentation des croix celtiques. Dans les premiers temps de l'art irlandais, la croix tracée dans un cercle associait la symbolique de l'incarnation terrestre aux cycles de la vie. Le centre entouré du cercle peut être compris comme un lieu de passage entre ce monde-ci et l'Autre monde.

Si on considère que la ligne horizontale représente la terre, et la ligne verticale l'élévation vers le ciel, la croix est un symbole existentiel par excellence. C'est l'union de la matière et de l'esprit. On peut prolonger ses branches à l'infini. Le point d'intersection manifeste l'existence. Dans ce sens, la croix symbolise la question humaine, la relation de l'homme à la destinée. Représentation philosophique ou sacrée dans diverses cultures, elle prend une place privilégiée dans le christianisme. Symbole de souffrance et de rédemption, elle synthétise l'idée de la création.

Dans les griffonnages, nous y verrons, une volonté d'affirmer son existence en tant qu'individu. La croix est une façon de dire « j'existe ». Il arrive qu'elle trahisse l'idée d'une souffrance avec cependant une volonté d'action de par sa forme ouverte. C'est la marque d'un potentiel de création mais également de questions sur le sens de la vie.

Lorsqu'elle se situe en bas, elle tend à affirmer le besoin de matérialité. Dessinée vers le haut, c'est une recherche d'élévation, d'affirmation d'un pouvoir intellectuel ou une recherche de sublimation. À gauche, elle peut signifier une souffrance attachée au passé ou des questions existentielles qui se rattachent à l'histoire personnelle, à la mère, à l'enfance. À droite, elle manifeste l'ambition, un désir d'expansion, la volonté de s'affirmer dans la relation aux autres.

LE ZIGZAG

Celui-ci s'effectue avec des droites et un mouvement d'aller-retour. Il peut tracer littéralement un « z ». Il convient bien sûr, d'établir une différence entre le dessin de lettres majuscules multiples, au sein desquelles se trouve un « z » et le tracé de ce dernier hors contexte. En effet, certains griffonneurs se plaisent à enjoliver les lettres déjà imprimées sur les agendas ou calendriers de toutes sortes. Ils se servent d'une majuscule existante soit pour la remplir d'encre, soit pour l'agrémenter de formes variées. Par contre le dessin en zigzag peut figurer dans les dessins libres, trôner dans une page ou s'intégrer dans une composition originale. Il arrive qu'il remplisse une page à lui tout seul avec des « z » de toutes tailles.

En tant que figure abstraite, comment décomposer le mouvement ? Celui-ci est relativement simple. Sa caractéristique est de débuter franchement vers la droite puis d'opérer un brusque retour en arrière avant de reprendre son geste initial. À ce titre, il exprime un élan qui est tout d'abord contenu avant de se libérer.

Cela révèle soit des pulsions fortes que le griffonneur veut maîtriser sans y renoncer (l'élan premier, le mouvement initial prime de toutes façons). Soit le geste est bien contrôlé et selon l'intensité de la pression, on pourra y déceler une puissante affirmation qui frôle l'agressivité ou de la stratégie car symboliquement, on établit une avancée vers l'autre (la droite) : on se reprend donc on intériorise, puis on s'affirme.

Le philosophe Roland Barthes a attribué au dessin du zigzag une interprétation que l'on pourra retenir à condition de la nuancer un peu. Intitulé « la double figure », il y voit une œuvre « qui procède par la voie de deux mouvements : la ligne droite (le renchérissement, l'accroissement, l'insistance d'une idée, d'une position, d'un goût, d'une image) et le zigzag (le contre-pied, la contremarche, la contrariété, l'énergie réactive, la dénégation, le retour d'un aller, le mouvement du Z, la lettre de la déviance). »

Nous retiendrons pour l'analyse, la volonté, la combativité, un retour sur soi, une capacité à attaquer ou de la stratégie. À moins que le tracé du zigzag ne soit mou, il évoque toujours de l'énergie et une forte volonté d'aboutir.

LE TRIANGLE

La caractéristique qui nous intéresse est justement qu'il comporte des angles. À l'inverse de la courbe qui évoque la douceur, l'angle exprime la fermeté. Il manifeste de l'énergie, une affirmation de soi, voire de la volonté.

Le symbolisme du triangle se rattache au chiffre trois. Celui-ci est souvent associé à la notion de création. En considérant la progression de la symbolique du un au trois, on constate que le « un » représente l'unicité, le tout. Le deux est soit une division soit une dualité. Le jeu d'opposition que représente le deux évoque un face à face, deux forces en équilibre ou deux éléments qui s'affrontent. Le deux par son caractère double évoque une alternative ou la passivité. Le trois est l'élément qui fait sortir de cette dualité. Il crée une dynamique. Ainsi le triangle a-t-il été choisi dans différents secteurs, philosophique, religieux, ésotérique, pour représenter la création.

Dans certains contextes, il revêt un caractère sacré. Au sein de différentes religions, le principe de vie émane du chiffre trois. Dans le christianisme la trinité est représentée par le Père, le Fils et le Saint-Esprit. Dans l'hindouisme, les trois divinités Brahma, Vishnou et Shiva, correspondent aux grandes énergies qui régissent l'existence du monde. Elles sont exprimées sur un mode dynamique avec des forces en jeu qui sont en interaction, plus précisément : la création, la conservation et la destruction. La trinité est présente dans une explication de l'origine du monde. Le triangle est associé à une énergie dynamique et créative.

Dans l'art préhistorique, le triangle pointe en bas figurait le sexe féminin. On retrouve cette représentation à travers différentes époques. Le triangle pointe en haut symbolise l'énergie créatrice masculine. Cela évoque la notion d'action, un potentiel pour entreprendre et pour créer.

La tradition alchimique associe le triangle pointe en haut à la symbolique du feu et le triangle pointe en bas à la symbolique de l'eau, ils sont considérés respectivement comme masculin et féminin. Le feu est associé à l'esprit, l'eau à l'âme. Dans l'analyse des rêves on voit émerger ces grands symboles à des moments où le rêveur prend conscience de son potentiel de création. Le triangle équilatéral suggère une recherche d'harmonie.

Il arrive que les deux triangles soient entremêlés ce qui dessine l'étoile de David avec six branches, union symbolique du divin représenté par le triangle pointe en haut et du plan incarné qui correspond au triangle pointe en bas. On peut également y voir une dualité entre le pôle masculin et le pôle féminin ou une recherche plus ou moins consciente pour concilier harmonieusement les contraires.

Les formes pyramidales sont moins abstraites car elles s'inscrivent dans les trois dimensions. Indépendamment de la qualité de réflexion qu'elles évoquent (à cause de la géométrie et de la perspective), elles sont fréquemment en relation avec un désir de croissance psychique. Leur base repose sur le sol et se rattache à la vie de tous les jours. La montée vers le ciel traduit la volonté d'élévation. La pyramide n'est pas sans évoquer l'Égypte et ses mystères, une aspiration à la connaissance. La constellation des autres dessins permettra d'éclaircir les motivations du dessinateur.

LE LABYRINTHE

Dans sa géométrie plus ou moins travaillée, le labyrinthe comporte toujours une part de complexité. Son parcours est à l'évidence le contraire d'une voie directe et simple. Compliqué à souhait, il propose un cheminement difficile dont l'issue est incertaine. Il possède cependant, incontestablement, une entrée et une sortie. On peut y progresser indéfiniment sans jamais savoir comment en sortir. Pourtant il comporte de fait une issue. Par ses méandres qui procurent autant d'avancées que de reculs, il impose un temps irrémédiable, inévitable pour arriver au but.

Dans cet espace, on ne peut pas programmer grand-chose. On a peu de chance de sauter les étapes à moins d'être guidé par l'intuition, inspiré comme par un fil d'Ariane. Le labyrinthe propose un parcours difficile qui valorise le centre, dont l'accès doit se mériter. Il a une fonction initiatique. On le trouve parfois représenté sur le pavement de certaines cathédrales. C'est la réflexion et le recueillement qui permettent d'en sortir vainqueur.

Lorsque le labyrinthe apparaît dans les griffonnages, cela indique que le dessinateur est prisonnier des méandres de sa propre pensée. Il opère des va-et-vient à partir d'idées qui stagnent ou qui évoluent lentement. Comme dans le tracé de cette architecture, il avance et recule, il envisage puis se reprend , il désire puis hésite, ou il attend son heure pour se manifester.

Ce type de griffonnage peut selon les cas, accompagner des moments de latence, des périodes où l'on cherche à éclaircir ses idées, à comprendre que l'on ne peut rien brusquer. C'est en tout cas une attitude d'intériorisation et parfois la manifestation d'idées obsessionnelles qu'il représente. La progression lente et pénible du labyrinthe peut être le reflet, sinon d'une vue pessimiste, en tout cas d'une impression (peut-être réaliste) d'être dans une voie sans issue. Il peut y avoir tendance à se perdre dans une complexité qui ne fait pas avancer les choses. Cela peut aussi précéder une élucidation constructive. La difficulté peut être d'accepter de lâcher prise.

LES DESSINS FIGURATIFS

LES DESSINS FIGURATIFS

Alors que les images abstraites dénotent une dominante intellectuelle, les formes figuratives expriment les tempéraments affectifs. Qu'il s'agisse de représentations de personnages, d'animaux, de plantes ou d'objets, la panoplie des images figuratives est illimitée. On remarque toutefois chez une même personne, des préférences qui peuvent marquer certaines périodes de sa vie. Par exemple, des dessins qui disparaissent au profit d'autres représentations.

À l'inverse, il arrive qu'un tracé caractéristique soit perpétué comme un leitmotiv tout au long de l'existence. C'est alors une fidélité à soi-même, ou un fil conducteur, une attache à laquelle on se réfère. Dans ce cas précis, les différentes composantes du dessin donneront les pistes qui en permettent l'interprétation.

Il s'agit parfois d'un élément devenu symbole pour tous, par exemple le tracé d'un cœur. Pour les enfants comme pour les adultes, celui-ci évoque l'amour, le romantisme, parfois un rêve, un idéal amoureux mythique ou inaccessible. Il exprime l'affection sans ambiguïté. Il ponctue souvent d'autres dessins, accompagne une phrase ou s'intègre à une signature comme c'est le cas dans la figure 39.

Quant aux personnages, qu'ils soient idylliques ou caricaturaux, ils traduisent presque toujours des émotions. Ils expriment du rêve, de l'idéal ou de l'ironie. Les visages ou les attitudes corporelles se prêtent particulièrement aux projections de nos états d'âme ou de notre personnalité. Leur présence peut être associée à une mise en scène ou se fondre dans un paysage.

a

b

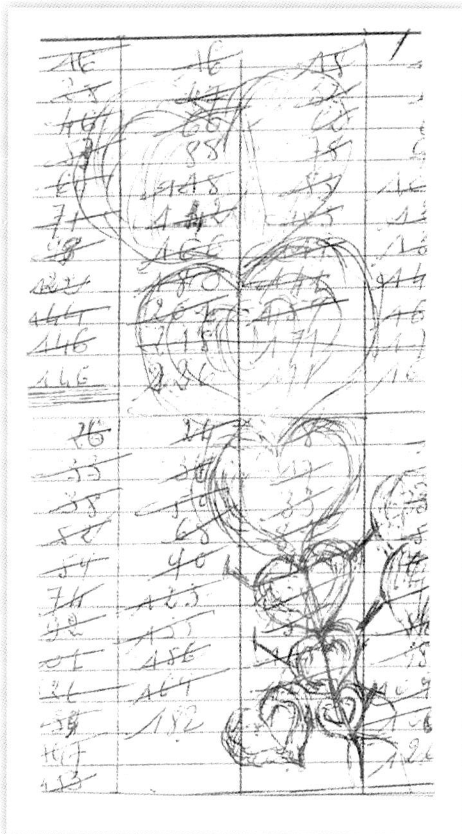

c

Fig. 39 – *Le dessin du cœur.*

(a) Symbole d'amour le cœur est au point de départ de la signature de l'écrivain Roland Dubillard et se glisse dans les lignes du courrier.

(b) C'est un symbole récurrent pour Maurice qui en ponctue le comptage des points lors de ses parties de cartes. Il les attache en série et les enjolive.

(c) Le cœur entre dans une composition élaborée dans le dessin du poète et militant Robert Desnos. La flèche en renforce la passion, les facettes du cube soulignent un désir de réalisme et de maîtrise des sentiments.

Les animaux représentés appartiennent souvent à la sphère du monde familier. Ils sont fréquemment la marque d'un choix affectueux ou d'une passion, par exemple lorsqu'il s'agit de chiens, de chevaux ou même d'animaux sauvages. Ces derniers peuvent être choisis pour les qualités qu'ils évoquent, vivacité, domination comme c'est le cas pour l'aigle ou le lion, lenteur, sensualité par exemple avec les reptiles ou les escargots.

Le contexte dans lequel ils apparaissent a parfois son importance. Ainsi cette souris dessinée par Boris Vian n'est pas due au hasard (fig. 40). Elle prend tout son relief sur le verso du manuscrit *L'Écume des jours*, roman qui fait intervenir un monde fantastique, au sein duquel les animaux parlent, et dont la souris fait partie. Les griffonnages de Boris Vian sont parfois bien plus provocateurs. On verra dans celui-ci un délassement de l'écrivain qui s'offre une pause fructueuse pour l'inspiration.

Les souris et autres petits rongeurs sont réputés pour avoir une activité nocturne et clandestine. Plutôt futés en général, ils traduisent soit des préoccupations sexuelles ou la présence de petits secrets vécus sur un mode qui peut être ludique ou plus tourmenté. Car ces animaux qui apparaissent et disparaissent en un clin d'œil dans l'obscurité sans avoir peur de l'homme, symbolisent le subconscient, les pensées à la limite du conscient et du refoulement. N'empêche qu'ils opèrent discrètement et inexorablement. Dans le roman de Boris Vian, l'énergie qui ronge de l'intérieur est fortement présente entre l'humour et la perdition. En principe la tonalité générale des griffonnages oriente rapidement vers le côté obscur ou le côté ludique.

Les plantes quant à elles, peuvent fort bien être une projection de la personnalité ou même d'une attitude que l'on a dans la vie. En effet, par leur diversité, elles n'évoquent pas les mêmes ambiances. A priori le dessin d'un cactus ou les clochettes d'un brin de muguet suscitent des impressions bien différentes ! Le premier aussi beau soit-il, comporte un bon système de défense avec ses piquants, le second jouit d'une délicatesse éphémère. Il est à l'évidence plus fragile.

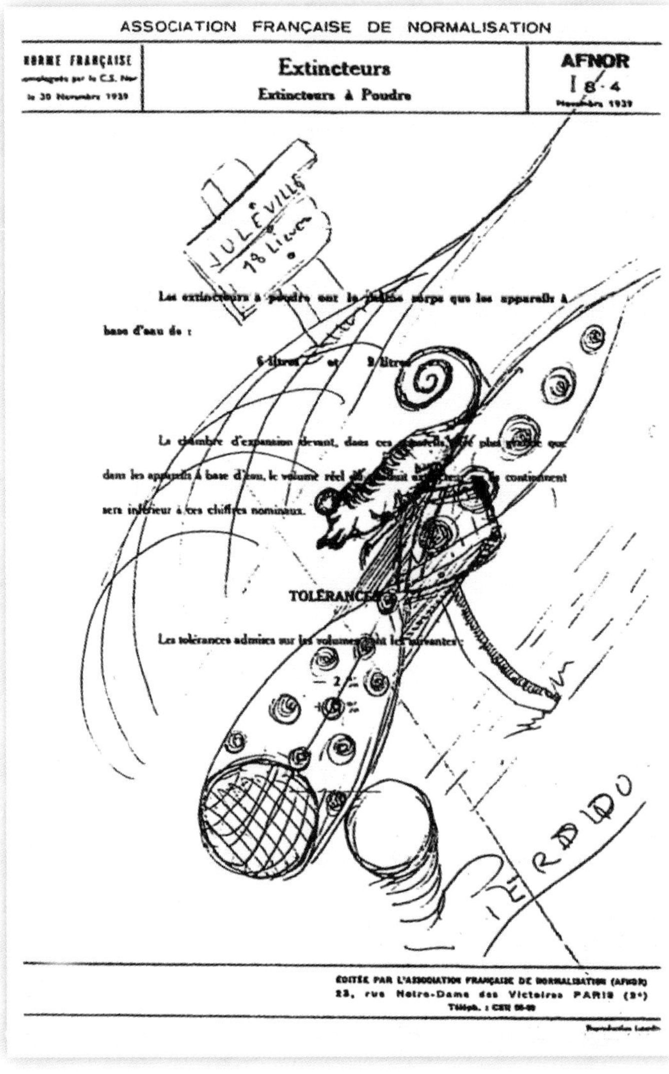

Fig. 40 – *Les rats et les souris sont souvent liés aux désirs secrets, au subconscient et à la sexualité. Ce dessin a été tracé par Boris Vian tandis qu'il rédigeait « L'Écume des jours ».*

Certaines fleurs se prêtent par le rayonnement de leurs formes à un véritable recentrage par exemple dans les moments de dispersion ou de fatigue. La marguerite par l'extension qu'elle présente autour d'un centre circulaire en est une bonne image. De plus, on peut l'élargir autant que l'on veut sans opérer de distorsion dans ses proportions. Cette structure se retrouve dans les formes en rosace.

Qu'il s'agisse d'un animal, d'une plante, d'un objet, doit-on considérer chaque sujet avec un code d'interprétation systématique ? Au contraire, il est préférable de nuancer car bien que chaque élément réponde à un symbolisme qui lui soit propre, il arrive que le choix soit spécifique. Ainsi ce dernier peut être lié à un contexte unique ou à une situation concrète. On tiendra compte de toutes façons du symbole choisi mais celui-ci prendra une couleur différente selon le vécu et les paroles du dessinateur. Ainsi, cette femme qui se plaît à représenter de nombreux animaux, dont des chevaux, des poussins, des souris, des serpents et… des araignées !

Ces dernières réveillent souvent de la répulsion sinon de la peur. Elles sont silencieuses, apparaissent et disparaissent, guettent leur proie et tissent leur piège fatal. Elles semblent suivre leur chemin de façon bien déterminée. Pas étonnant qu'elles évoquent un certain mystère ou de la méfiance !

Comment les analyser présentement ? Dans différentes mythologies, l'araignée a qualité de démiurge, elle tisse la trame de la destinée et conduit les âmes entre deux mondes. Les araignées laissent rarement indifférent. De nombreuses personnes, les considèrent comme désagréables même si cela ne va pas jusqu'à l'aversion. Or la griffonneuse interrogée, dit tout simplement : « J'aime bien les araignées ». Elle les trouve utiles (ce qui d'ailleurs est le cas !) La teneur de ses griffonnages est plutôt ludique et pleine d'agrément.

Cependant, son côté « bon vivant » n'exclut pas quelques interrogations latentes sur le sens de la vie et des questions sur la destinée, ce qu'elle résout par le petit drapeau plein d'humour qui domine l'araignée (fig. 41).

Fig. 41 – *Avec humour, l'araignée supporte un petit drapeau. Elle figure en bonne place dans les compositions de Valérie, 50 ans, secrétaire médicale. Symbole des mystères de la destinée, elle ne signale pas d'angoisse dans ce dessin mais prétend dominer, même avec dérision, les inquiétudes sur la vie et la mort.*

Le monde du vivant, qu'il s'agisse du règne végétal ou animal dont l'humain, fournit l'éventail de tous les sentiments. Les plantes et les animaux offrent une manière détournée de manifester un désir, une passion, des aspirations, des rêves, ou parfois des obsessions.

Quant au monde des objets, les représentations sont innombrables. Certaines reviennent plus fréquemment que d'autres par exemple la maison ou des ustensiles comme les récipients, les sacs, les verres, les couteaux. Les contenants évoquent la réceptivité et la féminité. Les armes, pistolets, couteaux ou sabres se rattachent à une symbolique sexuelle masculine. Les clefs ou les serrures représentent des questions sur la sexualité.

Les moyens de locomotion tels que les voitures ou les bateaux, ne sont pas de reste. Ils figurent seuls ou intégrés à des paysages. Leur interprétation évoque souvent le désir d'évasion ou le bien-être, voire une envie de s'élever au-delà de toutes les contingences comme c'est le cas pour la montgolfière ou l'avion bien que ce dernier signale aussi un comportement plus radical (à cause de la puissance qu'il représente).

Comment interpréter ces multiples figures ? Chaque élément, objet, animal, paysage ou représentation humaine, comporte un aspect symbolique. Ce dernier apporte son éclairage. Il fait partie de la sphère consciente ou inconsciente de son auteur. On peut regrouper les objets par familles symboliques, du moins dans une certaine mesure car chaque représentation s'enrichit de la constellation qui l'entoure.

Cependant, les paroles du griffonneur pourront renforcer une hypothèse, confirmer une passion ou apporter des nuances parfois toutes pragmatiques. Ainsi, cette femme, qui dessine un pied entouré de piquants, ce qui se démarque totalement de ses griffonnages habituels (fig. 42) car elle dessine surtout des chiens. On y verra non pas une recherche symbolique spéciale, mais simplement une façon humoristique d'exorciser des douleurs réelles et particulièrement violentes, qui l'ont conduite d'ailleurs à une opération du pied ! Son dessin n'est donc pas tracé au hasard mais il est ponctuel.

Fig. 42 – *Dans le cas d'Aurélie, 51 ans, ce pied orné de pointes n'a figuré qu'à un seul moment de sa vie. Il se démarque de ses griffonnages habituels et répond à un problème médical qui lui a causé quelques soucis.*

On remarque toutefois qu'il est rayé de traits noirs, ce qui traduit tout de même son anxiété à ce sujet.

Dans certains cas, la forme figurative évolue jusqu'à se confondre avec un tracé plus abstrait. La barrière n'est pas toujours systématique entre figuratif et abstrait.

Le cas échéant, on prendra en considération la conjugaison de plusieurs formes au sein d'une même composition comme dans la figure 43 qui associe des fleurs, des arabesques et des triangles. Dans cette composition, ce sont la finesse et la souplesse qui prédominent. L'affectif et la féminité représentés par les fleurs, sont associés à une richesse intellectuelle présente par les formes abstraites et nuancées. L'association de la géométrie et de représentations qui ont trait à la vie, exprime l'intelligence abstraite et le désir d'analyser voire de contrôler ses propres sentiments du moins lorsque l'ensemble est harmonieux, comme c'est le cas dans cet exemple.

Les manuscrits de Georges Perec sont significatifs à cet égard et regorgent de triangles, de visages, d'objets, de pyramides ou de damiers. Cet auteur qui avait le sens de l'énigme ne laissait rien au hasard. Ses dessins mettent en évidence la dominante intellectuelle y compris à travers les personnages qui sont souvent stylisés. L'abstrait et le monde vivant s'entremêlent (fig. 44) avec une insistance sur les perspectives et l'alternance du noir et du blanc, ce qui révèle l'aptitude et le plaisir à tout envisager sous un angle et sous un autre mais toujours avec un grand souci de maîtrise.

Fig. 43 – *Association composite d'abstrait et de figuratif. Le cœur des fleurs en spirales évoque une recherche d'évolution personnelle. Les épines noircies sont à l'image de souffrances affectives et d'une difficulté à libérer son agressivité.*

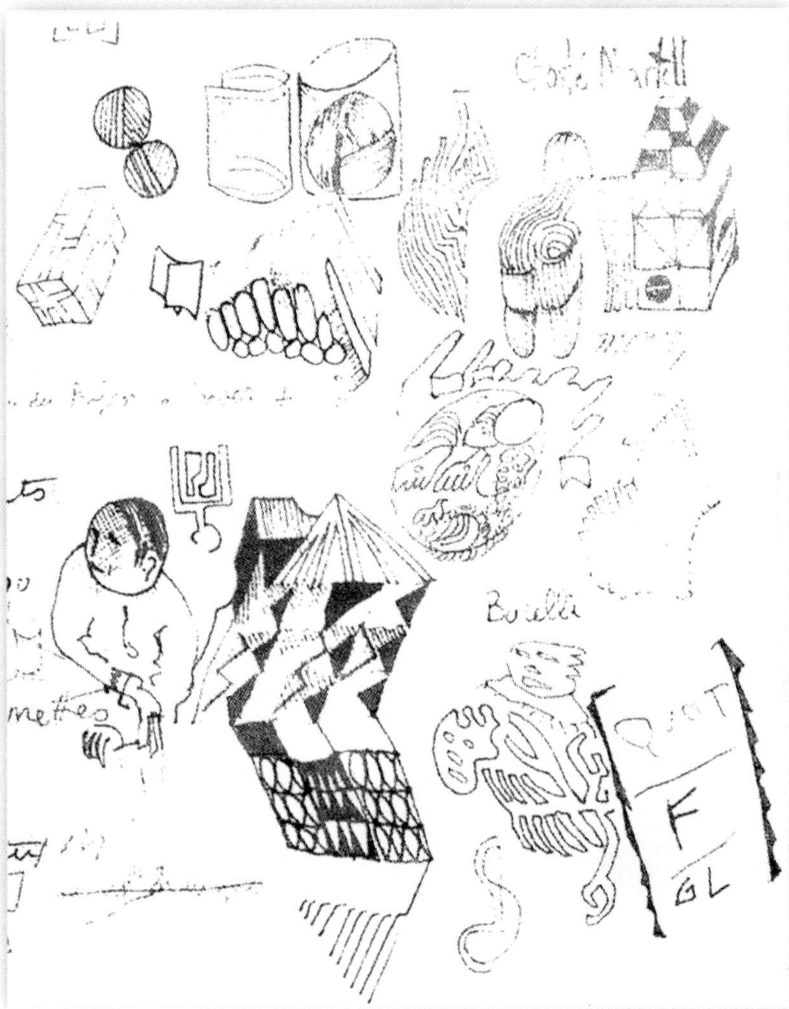

Fig. 44 – *Les dessins de Georges Perec ont une dominante intellectuelle même dans la représentation des personnages.*

LES FORMES HUMAINES

La plupart du temps, une dominante de personnages, traduit un intérêt ou des préoccupations concernant l'humain, l'échange, la relation aux autres. Il peut s'agir aussi de narcissisme ou même d'inquiétude sur l'impact que l'on peut ou que l'on aimerait avoir sur autrui.

Dans cette page d'agenda d'Anaïs Nin, figure 45, par exemple, humour, autoportrait et dérision se conjuguent en scènes multiples y compris avec l'intitulé « Grand-mère ou Anaïs » inscrit en toutes lettres sous la paire de lunettes. Le personnage principal, c'est elle-même vue sous des angles différents. Dans cette page, elle est le centre d'intérêt, avec « son chat », « sa tasse de lait »... Ces différents graphismes indiquent une volonté d'attirer l'attention sur soi.

Des figures multiples répondent en général au désir de contact, à une forte volonté d'être entouré. En principe cela signifie que c'est le plan relationnel qui motive le plus le griffonneur. Ce qui compte pour lui, c'est avant tout la sphère amicale et son insertion dans le groupe.

C'est le cas pour Anita, 21 ans, étudiante en communication. Toutes ses productions mettent en scène des personnages et principalement des visages. Ces derniers sont plus ou moins travaillés ou simplifiés.

La bouche est particulièrement importante, figure 46, ce qui met l'accent sur la parole mais aussi sur la sensualité. Elle trace également des sortes de damiers avec une multitude de visages qui représentent autant d'interrogations dans la relation aux autres. La constante révèle, pour cette jeune femme, une soif de contacts et des questions sur les liens qui existent entre les êtres.

Parmi les dessins qui ont trait à l'humain, le visage est un choix de prédilection pour le griffonneur. Il est plus facile à dessiner que la silhouette du corps dans sa totalité. Il est également plus spécifique car c'est l'expression du visage qui

Fig. 45 – *Projection de soi et autoportraits jalonnent cette page de l'écrivain Anaïs NIN. Ceci figure dans son journal à la veille du jour de l'an en 1917, avec une petite phrase explicative : « aujourd'hui est le dernier jour où j'ai le droit de dire des bêtises. Mon crayon va d'un bout à l'autre de la feuille… et parfois plonge la tête la première dans l'encrier ».*

Fig. 46 – *Les dessins privilégient l'humain ce qui traduit l'importance de la vie relationnelle. Anita, 21 ans, est étudiante en communication.*

sera plus volontiers évocatrice : tristesse, séduction, gaieté, drôlerie. Qu'il apparaisse en tant qu'autoportrait ou comme image de dérision, on le rencontre dans toutes les tranches d'âge. Il est particulièrement présent chez les adolescents, au moment où ces derniers se cherchent et sont animés d'interrogations sur eux-mêmes, sur leur relation aux autres et sur la façon dont on les perçoit. À cette période, les jeunes filles se plaisent à accentuer les yeux, en particulier avec des cils immenses, ce qui est un indice de séduction.

Le regard d'une personne est toujours révélateur. Il livre les sentiments, il exprime parfois ce que la bouche n'ose pas dire. On peut aussi « fusiller » du regard. Il est dit que « les yeux sont le reflet de l'âme ». Voir clair, c'est élucider, percevoir avec le plus d'acuité possible. Mais l'œil, c'est parfois l'œil de la conscience et celui de la culpabilité, comme « l'œil de Caïn », celui qui dans la tombe, le poursuit de remords.

Lorsque c'est le cas, ce dessin apparaît avec des formes noircies, obscures, ou d'autres symboles qui représentent des interdits, par exemple des barrières, des cages, un emprisonnement qui transparaît sous une forme ou sous une autre.

La fonction de l'œil comporte aussi cette double polarité « voir et être vu », communiquer par le regard. L'insistance de gros yeux surdimensionnés trahit le voyeurisme. C'est le cas dans la figure 48 dont le portrait montre une énergie toute particulière pour tracer et noircir les yeux ainsi que la bouche, organes de prédilection pour son auteur dont le voyeurisme et l'expression verbale signent le talent puisqu'il s'agit d'un humoriste de métier, Alex Métayer.

Parfois, le griffonneur se veut énigmatique. Ainsi, au lieu de dessiner un personnage avec une identité, il trace un stéréotype, par exemple un clown. Les sentiments sont donc occultés. Le clown ne montre pas son vrai visage, il est fardé ou il porte un masque. Il adopte une attitude préconçue dans laquelle tout est joué d'avance. Il endosse un rôle comme au théâtre. On ne sait pas qui il est en réalité.

Fig. 47 – *L'association de visages et de damiers traduit une volonté d'échange mais surtout des questions sur le jeu relationnel.*

Le fait de dessiner des clowns suggère souvent un malaise. C'est une difficulté à être soi-même. Il peut s'agir d'une attitude autocritique, auquel cas cela s'accompagne de formes grotesques qui vont confirmer cette hypothèse.

Le clown peut aussi traduire une recherche d'identité. À moins que cela ne révèle un personnage double comme dans les dessins de Caroline qui réussit la prouesse de tracer sur le recto les yeux et la bouche du clown et sur le verso de la feuille, le contour du visage assorti d'un bonnet. Lorsqu'on place la feuille en transparence, apparaît le visage complet (fig. 49). Ses griffonnages ne manquent pas d'originalité ce qui nous indique qu'il s'agit d'une personnalité qui sort des sentiers battus. Ils associent des images rythmiques, des formes abstraites et figuratives. C'est donc une personnalité riche qui possède une palette étonnante d'attitudes, une personnalité qui se cherche et se plaît à jouer avec les autres, à ne livrer qu'une facette d'elle-même. Elle s'amuse à écrire de droite à gauche. On peut lire son texte en le mettant face à un miroir.

Si les yeux et la bouche sont privilégiés dans les gribouillages, le nez est parfois mis en vedette. Dans ce cas, il occupe une place prépondérante dans le visage, ou il est tracé à part, tout seul. De par sa forme, c'est un symbole phallique. Il représente la virilité. Sa présence dans les dessins soulève des interrogations sur la virilité et sur la sexualité.

Ceci apparaît nettement dans les dessins de Grégoire, 9 ans, qui représente soit des visages masqués ou casqués, dont le nez est camouflé, soit des nez proéminents, soit des portraits qui sont prétextes à mettre cette partie du visage en vedette comme c'est le cas figure 50, dans laquelle le nez est associé aux lunettes et reproduit la forme du sexe masculin. Les autres composantes du visage sont supprimées, alors que Grégoire est par ailleurs très performant en dessin. Cela nous indique qu'il est dans une période au cours de laquelle la sexualité le préoccupe. Le labyrinthe qui figure en dessous montre qu'il se demande comment il va s'en sortir.

Fig. 48 – *Les yeux et la bouche, organes d'expression et d'échange sont valorisés dans ce griffonnage de l'humoriste Alex Métayer. Les yeux en soucoupes évoquent du voyeurisme.*

Fig. 49 – *Caroline, 28 ans, assistante en relations humaines, se plaît à écrire en miroir, de même que ce clown était dessiné en partie au recto et en partie au verso avec une coïncidence parfaite qui reconstitue le portrait lorsqu'on le regarde en tranparence. C'est une attitude double, entre le jeu et la stratégie, une façon de s'affirmer tout en gardant ses secrets.*

Fig. 50 – *Les dessins de Grégoire, 9 ans, mettent en valeur les préoccupations sexuelles et la recherche d'identité virile.*

LES ANIMAUX

Les animaux familiers détiennent la palme d'or mais ils ne sont pas les seuls à égayer les brouillons et les prises de notes. La passion à l'égard d'un animal privilégié se retrouve volontiers dans les griffonnages ce qui n'est pas surprenant étant donné la fonction apaisante du dessin.

On ne sera pas étonné si le passionné d'équitation dessine des têtes de chevaux ou des silhouettes de cavaliers. Son choix a une fonction double, le plaisir de griffonner et celui de se remémorer des sensations liées à son activité de prédilection. Dans tous les cas, le dessinateur récrée ainsi une ambiance qui lui plaît, un contexte qui l'émeut ou qui lui procure un peu d'évasion.

Toutefois cela n'est pas systématique. Ainsi l'aquariophile n'exerce pas forcément ses talents à représenter des poissons, de même que l'amour des chiens ou des chats ne se traduit pas d'office par leur présence dans les griffonnages ! Un désir ou une attirance peuvent prendre de multiples formes. D'ailleurs, certaines femmes se plaisent à dessiner des chats sous toutes leurs formes, alors qu'elles ne veulent pas cet animal dans leur maison. Notons que tous les félins représentent la féminité. On y verra différentes expressions de la sensualité et de la séduction.

D'autre part, les phénomènes de compensation ne sont pas rares. Ainsi, la représentation privilégiée d'un animal, peut être liée à une des qualités de ce dernier, qui attire ou qui fascine. On peut inconsciemment dessiner ce que l'on voudrait acquérir ou s'approprier. Cette qualité émerge comme un besoin, comme un rééquilibrage possible au fond de soi-même. Par exemple cette citadine, sophistiquée jusqu'au bout des ongles, plus mondaine que campagnarde, qui dessine… des bovins, en particulier des vaches, animaux qu'elle n'a d'ailleurs jamais vraiment approchés mais dont la scène évoque pour elle, le repos qu'octroient la nature et la vie apaisante. Ces dessins répétitifs signalent en ce qui la concerne, une nécessité à vivre davantage son corps mais aussi les besoins vitaux, la sensualité passive, accepter de savourer la vie et se laisser porter par les bons moments.

Fig. 51 – *Les animaux.*

Le chat symbolise la féminité. Allure séductrice, ou profil de matou, on y verra des comportements différents, séducteurs ou plus, en quête de confort.

Les serpents de toutes sortes sont une image sexuelle. Ils représentent la libido.

Les escargots symbolisent la sensualité et l'érotisme. Ils traduisent parfois un besoin d'apaisement dans les périodes de stress.

Par leur vulnérabilité et leur plumage duveteux, les poussins signifient la tendresse, la douceur, ou une certaine fragilité.

L'écureuil exprime un côté ludique et un besoin de liberté.

La tortue caractérise les tempéraments qui prônent la constance, le secret, la prudence. Sa carapace évoque l'autoprotection.

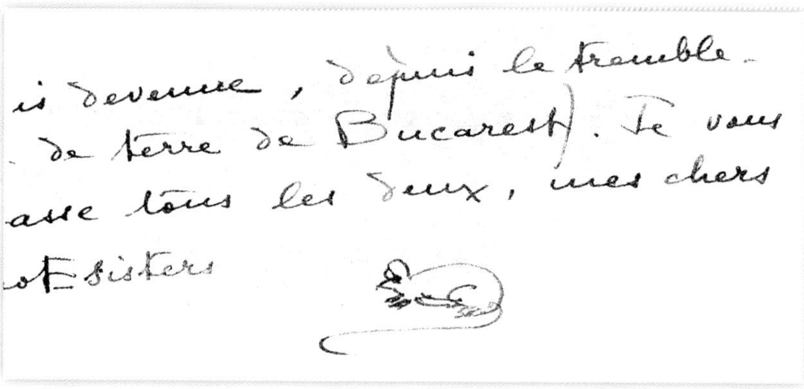
is devenue, depuis le tremble-
de terre de Bucarest). Je vous
asse tous les deux, mes chers
ot sisters

Fig. 52 – *Colette signait parfois avec le dessin d'une rate.*

L'attirance pour un animal quel qu'il soit n'est donc pas quelque chose d'anodin. Facile à comprendre lorsqu'il s'agit d'animaux domestiques, elle demande une interprétation plus délicate lorsqu'il s'agit d'animaux moins fréquents ou perçus généralement comme peu attirants.

Les choix peuvent fort bien se rattacher à un souvenir particulier, à quelque chose d'unique, qui va en donner toute l'interprétation comme c'est le cas pour l'écrivain Colette, qui griffonnait des rongeurs, plus particulièrement des rates, ou qui signait par ce dessin-logo (fig. 52) à cause d'un surnom qui lui avait été donné, c'est-à-dire « la rate ». Elle ajoutait parfois « rate affamée » ou « bien dodue ».

Cette connivence avec le destinataire n'exclut pas la possibilité d'une interprétation sur un plan général. En effet, un animal de prédilection, choisi même par humour, est rarement le fruit du hasard. Alors que les souris sont souvent apparentées à la féminité, les rats évoquent dans l'inconscient, davantage de puissance et d'agressivité. Ces derniers sont en général considérés comme des symboles masculins, en tout cas dans la démarche psychanalytique et dans l'analyse des rêves. Ici, la rate qui associe le masculin et le féminin envoie une image double, y compris en ce qui concerne le côté sauvage et le côté apprivoisé.

Les animaux domestiques – du fait qu'ils vivent proches de l'homme – ne sont pas sans rappeler le lien affectif, et le besoin de tendresse auxquels ils sont toujours associés. On peut élargir leur symbolisme à la notion de sensualité d'autant plus que les animaux à pelage, évoquent la douceur ou en tout cas le toucher, les caresses, ainsi que le courant de sympathie qui s'opère avec eux.

Cette idée se rencontre également, avec la représentation des oiseaux dont les plumes et le duvet évoquent la délicatesse. L'écrivain Katherine Mansfield ne manquait pas de dessiner des séries de petits poussins pour agrémenter ses courriers affectifs. Les poussins évoquent la tendresse et la fragilité.

Fig. 53 – *Le chien habituellement image de l'affection est ici clairement sexuel avec son museau phallique.*

Fig. 54 – *Des serpents en tout genre sont dessinés par Marianne, 51 ans.*
Les formes fluides et ondulantes ainsi que parfois son humour, expriment une aisance à vivre la sexualité ou à aborder le sujet.

Fig. 55 – *Parmi les animaux, l'éléphant peut évoquer la sexualité, ce qui est clair dans la posture de celui-ci, associé au cornet de glace. D'autres dessins de cette femme vont dans le même sens.*

Les canards qui voguent sur l'eau, selon le scénario qui les entoure, créent plutôt une ambiance de facilité et d'insouciance avec le désir de se laisser porter et surtout de vivre agréablement. Rien à voir avec les oiseaux migrateurs qu'ils sont également ! Car cette idée-là évoque au contraire la force, l'endurance, le voyage et la dureté de la vie.

En fait, c'est un ensemble ou une convergence d'éléments qui donne le ton : le crayonnage, la pression, la mise en page, l'allure ou l'ambiance qui émane des animaux. Par exemple, ce chien phallique (fig. 53), s'inscrit dans une série de représentations animales qui évoquent une sensualité et une sexualité bien vécues. Serpents joyeux, oscillations d'animaux rampants et autres formes ludiques se côtoient joyeusement (fig. 54).

La fourrure d'un animal peut aussi représenter un désir sensuel ou la volonté de séduire ou tout simplement un besoin d'être enveloppé et protégé. Les ours, les pandas ou d'autres animaux, évoquent des sensations confortables ou rassurantes.

Le bestiaire sauvage réserve quelques surprises, comme par exemple le choix de cette femme absolument admirative des girafes et qui en dessine à souhait (du moins leurs têtes, perchées en haut de longs cous). Peut-on y voir une compensation inconsciente à un profond sentiment d'infériorité dû à sa petite taille dont elle fait un complexe depuis l'enfance ? À moins qu'il ne s'agisse d'un simple désir de domination (en douceur car il n'y a rien d'agressif dans ce choix). Il se trouve que cette passion s'est éteinte après qu'elle eut réussi dans sa vie professionnelle, ce qui indirectement lui a donné une meilleure confiance en elle.

La signification n'a rien d'ambigu pour cet éléphant figure 55, dont le postérieur est au-devant de la scène. La sensualité prédomine par le trait épais, les formes et la constellation de dessins qui accompagnent cet animal. L'ensemble évoque sans conteste les désirs sexuels.

Il arrive que l'animal perde un peu sa personnalité au profit d'une allure stéréotypée. C'est « Bug Bunny » des dessins animés, Mickey à s'y méprendre, ou des animaux qui semblent sortir tout droit des bandes dessinées. Pourrait-on y voir une solution de facilité, une copie par commodité, une difficulté à bien dessiner ? Peut-être, sauf dans les cas (les plus courants) où le dessinateur montre qu'il sait fort bien représenter librement d'autres scènes. L'ensemble des autres graphismes offrira un éclairage. Dans tous les cas, le stéréotype comporte en principe, une dose d'humour. Il s'adresse à tous, car il est impersonnel. Il peut signifier un désir de communiquer, d'être en connivence avec autrui, mais il est en même temps un masque car il n'est pas individualisé. Il est donc à la fois un « clin d'œil », un appel, une marque d'humour ou la signature d'une double personnalité.

LES PAYSAGES

La nature, les objets, les animaux ou les arbres, cohabitent pour créer des vues d'ensemble. Des paysages prennent forme à partir de simples griffonnages. Ils sont animés de courants, de mouvements aériens, ou d'eau par l'océan, par des vaguelettes, parfois par le jaillissement d'une fontaine. L'élément aquatique est lié à l'émotion, au rêve ou au flux de la vie. L'eau peut être immobile comme celle d'un lac. Elle reflète le paysage tel un miroir. C'est l'eau qui dort comme quelque chose qui couve, ou comme un reflet du réel. On retrouvera dans ces symboles multiples, les mêmes bases d'interprétation que pour l'analyse des dessins d'enfant [*]. Cependant, adaptée à l'adulte, la démarche tiendra compte de la juxtaposition spontanée des différentes formes qui sont associées et de cette liberté du griffonnage que l'on effectue pour soi-même et non pour le montrer.

Certaines personnes se plaisent à représenter des fleurs. Selon les cas, celles-ci apparaissent isolées, et révèlent une demande affective, ou s'agencent en tapisserie et couvrent des pages entières en donnant un relief au paysage.

Par leur fragilité, leurs formes généralement douces et leur beauté, les fleurs traduisent la féminité, la gentillesse, l'amour, la délicatesse. Lorsqu'elles sont systématiquement présentes comme c'est le cas pour Josiane (fig. 56 et 57), il s'agit d'une aspiration à vivre dans un monde meilleur, une difficulté à voir la dureté de la vie qui est ressentie comme pénible. C'est le souhait d'un univers sans conflit où les êtres seraient capables, d'évoluer toujours en harmonie les uns avec les autres.

Un homme qui dessine des fleurs, exprime ainsi sa dimension féminine, une part de sensibilité qui est peut-être enfouie ou qui ne transparaît pas dans son quotidien. Il peut aussi avoir un côté artiste soit en tant qu'esthète soit sur un mode créatif.

[*] Voir *Comprenez votre enfant par ses dessins*, du même auteur, éditions Sand.

Fig. 56 – *Fleurs et clefs de sol se conjuguent dans une composition qui valorise la féminité.*

Fig. 57 – *La figure centrale d'un mandala apparaît en plein ciel, au-dessus de la maison. Cette recherche d'unité et de spiritualité est confirmée par la frise ascendante sur la gauche.*

Fig. 58 – *Les sapins de Jocelyne, 46 ans, tracés avec énergie ont un caractère masculin. C'est une personnalité dynamique dotée d'un bon potentiel d'affirmation.*

Les arbres offrent une idée d'ascension, de recherche d'élévation sociale ou spirituelle selon leurs formes. Ils se prêtent volontiers à l'expression de tous les sentiments, protecteurs lorsqu'ils ont des ramifications en boule, agressifs avec des piquants ou phalliques lorsqu'ils sont en fer de lance, ils manifestent la bienveillance ou le combat. Ils traduisent la douceur et la féminité avec leurs courbes. C'est à l'inverse une attitude agressive, une volonté de s'imposer quand leur ramure est tout en angles comme dans le graphisme de Jocelyne, 46 ans, (fig. 58) dont les sapins ne manquent pas d'énergie ni de combativité.

Quant au palmier, il apparaît presque toujours quand le griffonneur aspire à l'évasion. Il signale le désir de fuir le quotidien, de changer de vie, ou de s'échapper d'une routine qui est ressentie comme quelque chose de fade ou de décevant. C'est le cas pour Karine, 40 ans, commerçante qui aspire à changer de vie. Le tracé du palmier associé au soleil et aux étoiles (fig. 59), indique qu'elle cherche à unifier tous les plans de son être, sa féminité, le rayonnement et un idéal spirituel. L'ensemble est animé de douceur par les courbes, de rêve car la zone supérieure est riche mais aussi de volonté par la pression du trait et par ce bateau à droite, qui est déjà en partance.

Dans le dessin de Cédric, 31 ans, (fig. 60) les choses sont plus compliquées car les différentes images cohabitent surtout comme des facettes de sa personnalité. Le paysage en miroir pose question sur une recherche de soi ou une attitude « double ». Comme dans les dessins d'enfant, le soleil couchant évoque l'hypothèse d'un conflit avec l'autorité ou avec l'image du père symbolique. Le couchant, c'est également une partie de vie qui se termine. Le lapin stéréotypé est un appel à la communication mais c'est aussi un masque. Le soleil à droite signale une aspiration à briller ou à égaler le père. Il s'agit donc d'une recherche inconsciente de sa propre identité soit dans la généalogie soit en tant qu'homme. Un fond d'agressivité est latent, présent dans les rayons en aiguilles qui entourent le palmier et… dans les moustaches du lapin malgré son large sourire !

Fig. 59 – *Minutie, rêve, douceur et envie d'évasion se mêlent en cherchant à unifier la symbolique solaire (masculine) et lunaire (féminine). C'est une recherche de compromis entre la vie intime et la vie extérieure.*

Fig. 60 – *Plusieurs messages émergent de ces griffonnages, humour, désir d'évasion et recherche d'identité.*

Dans les dessins de Jean-Pierre, homme de loi de 54 ans, le paysage valorise la maison, symbole du foyer. Celle-ci est très ouverte par les portes qui donnent directement sur la route à l'image d'une personnalité qui s'ouvre aux autres (fig. 61). La cheminée qui fume, signale que la maison a une âme. Les carnards stylisés, à l'allure de personnages, traduisent un personnalité affective. Une petite barrière hérissée, sur la gauche, est un bouclier qui protège du passé. Celui-ci n'est pas occulté au contraire, car la route est pleinement ouverte comme une rivière qui relie le passé (la gauche) à l'avenir (la droite). Ce dessin récurrent que Jean-Pierre trace depuis sa vie d'étudiant, est affectif et enfantin. Il est comme l'image d'un petit paradis, empreint de nostalgie mais qui n'empêche pas l'ambition ni l'ouverture sur l'avenir ce qui est indiqué par la route montante sur la droite.

Certains paysages font naître des figures centrales, roues solaires, carrés ou cercles rayonnants, à l'image des mandalas. Le mandala est une figure utilisée en Orient et particulièrement au Tibet pour exercer la concentration et la méditation. C'est avant tout un schéma dont la portée est spirituelle. Il peut comporter le carré et le cercle à la fois, la notion de centre étant l'élément fondamental comme l'émergence du Soi dans la psychologie jungienne.

Dans ce concept, lorsque l'être s'unifie, il n'existe plus de facettes multiples ni de contradictions. La croissance psychique s'opère sur un mode harmonieux avec une plus grande conscience et une meilleure maîtrise de sa propre vie.

Certains tracés traduisent cette démarche. Il arrive qu'ils émergent de paysages comme c'est le cas dans le dessin de Josiane (fig. 57), où le mandala est comme un soleil. Astre ou fleur, il conjugue une bonne assise représentée par le carré et une extension dynamique par ses rayons. Ces figures apparaissent soit à la maturité soit lorsqu'un travail intérieur a été accompli, ce qui procure une certaine harmonie au sein de l'être. Ils ponctuent des étapes de la vie, comme ce mandala, soigné à l'extrême dans les dessins de Guillaume, 32 ans (fig. 62). Il traçait auparavant des clefs et des portraits. L'apparition du mandala dans ses griffonnages indique qu'il est en train de trouver une assise et d'unifier différents aspects de sa personnalité.

Fig. 61 – *La route tracée en toute ouverture est comparable au chemin de la vie. Elle relie le passé et l'avenir comme une intégration de l'histoire personnelle. Les deux arbres sur la droite, l'un en rondeur, l'autre phallique, sont à l'image du féminin et du masculin. Il s'agit soit d'une image symbolique du couple perçue comme essentielle sur le chemin de la vie, soit comme l'association du féminin (la douceur) et du masculin (l'affirmation) qui cohabitent en bon équilibre au sein de la personnalité.*

Fig. 62 – *Ce griffonnage épouse le dessin d'un mandala, figure typique de recentrage et d'intégration positive des différentes composantes de la personnalité.*

L'ÉLAN SPONTANÉ ET LA CRÉATION

L'ÉLAN SPONTANÉ ET LA CRÉATION

D'AUTRES GESTES érigent la pulsion première au rang de création artistique. C'est ce que l'on peut percevoir dans les dessins d'Aurélie, 60 ans, qui ne sont pas uniquement des griffonnages. En effet, cette femme motivée par la création artistique donne toute son importance au geste pulsionnel, à l'élan premier, qui est un jaillissement de l'être, source d'une autre dimension.

Elle enseigne le dessin et propose d'écouter cette liberté qui vient « sans réfléchir » et qui peut servir d'ébauche à une élaboration plus complexe (fig. 63). Ces formes qu'elle trace rapidement sur des cahiers ou des blocs-notes lui servent de base à des tableaux qu'elle décide de peindre dans un deuxième temps.

Cette pratique se situe aux confins de l'acte de griffonner, qui normalement n'a pas de but, et du choix artistique, qui lui par contre, en a un. En effet, tous les « premiers jets » ainsi créés, ne seront pas obligatoirement destinés à réaliser le tableau de l'artiste ! Cependant la démarche est intéressante car elle propose d'aller chercher quelque chose de secret, qui est en sommeil au fond de l'être.

L'opération s'effectue donc en deux phases successives. L'une est spontanée et répond à l'instinct, l'autre s'avère réfléchie et davantage soumise au contrôle du mental. Il y a donc dans cette méthode si on peut la définir ainsi, la proposition de susciter un éveil. Dans l'absolu chacun peut oser en faire autant.

Que remarque-t-on lors de ce processus ? Du premier geste qui est lancé sur le papier, apparaissent des structures qui privilégient le mouvement. Il en

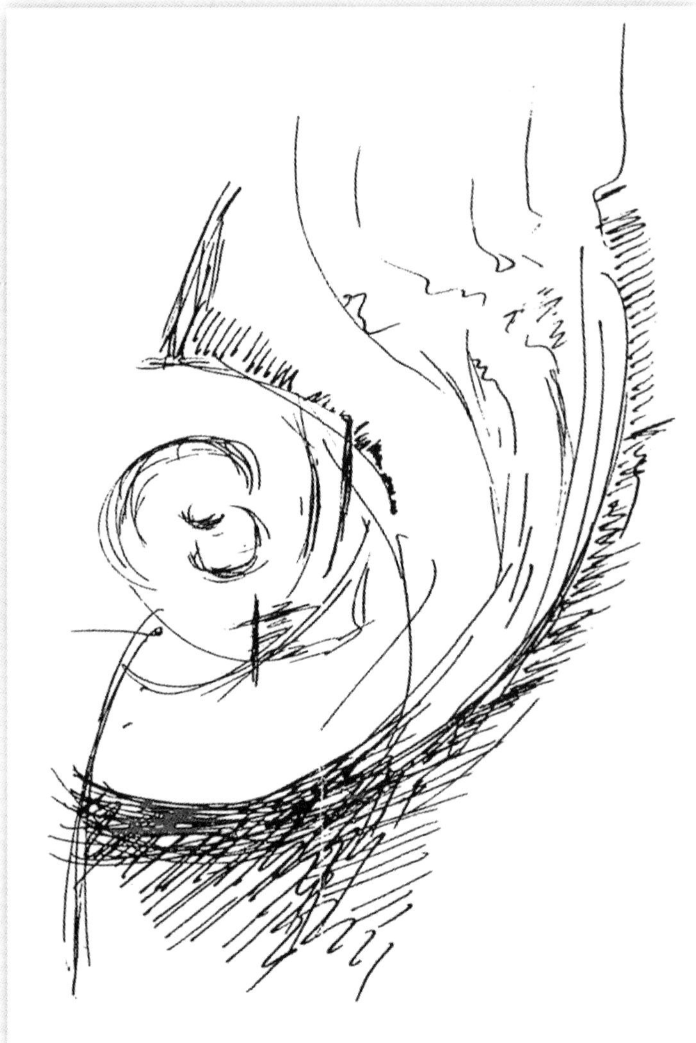

Fig. 63 – *Avant de peindre, Aurélie, 60 ans, trace d'un jet « ce qui vient sans réfléchir ». On voit ici une forme fœtale sur la gauche dans la zone symbolique du passé. Elle est au cœur du mouvement souple d'élévation. Vie intérieure et spiritualité émergent de ce geste spontané.*

résulte dans tous les cas, des tracés élaborés rapidement qui sont au final la signature d'un rythme personnel. On note souvent des constantes dans ces créations individuelles : des formes qui reviennent, des orientations du trait qui se reproduisent ou même des associations complexes que l'on retrouve d'une composition à une autre.

Chacun peut s'y exercer et se laisser surprendre par les images qui sont ainsi créées. En général, la démarche artistique procède souvent du chemin inverse. Par exemple on décide de représenter quelque chose de bien défini, qu'il s'agisse d'un paysage, d'une maison ou d'objets... Ici c'est au contraire la pulsion par elle-même qui est favorisée. Ce geste instinctif fera naître, dans un deuxième temps seulement, une idée précise de ce que l'on va représenter si du moins on le désire.

La structure des lignes peut évoquer un aspect bien concret. Le tracé suggère un ruissellement : on peut donner plus de réalité à cette impression, et en faire surgir une cascade ou un torrent. Que l'ensemble ressemble à une envolée, et cela fera apparaître des tourbillons dans le ciel ou l'étirement d'un oiseau. On peut aussi bien décider d'enrichir l'architecture de base en restant dans une optique absolument non figurative. Dans ce cas, il y a de fortes chances pour que l'on renforce visuellement la structure première, celle qui est née du geste pulsionnel. C'est de toutes façons, ce jaillissement spontané qui sous-tend dans l'un et l'autre cas, l'image concrète aussi bien que le tableau abstrait.

Les formes et les rythmes qui émergent par cette dynamique, ne sont pas prémédités. Aussi abstraits soient-ils, il n'est pas rare que chacun y perçoive immédiatement un paysage ou des formes qui lui sont familières. Ces éléments évoquent parfois une histoire précise pour le dessinateur. C'est que l'inconscient s'exprime avec une puissance souvent inattendue. Reprendre ce qui vient de cette pulsion première pour en faire une création présente un intérêt majeur. Le fait de réutiliser dans un deuxième temps, ce qui monte spontanément du fond de soi-même occasionne une sorte de dialogue avec l'inconscient.

Bien souvent, ce qui nous frappe ou nous traumatise peut se cristalliser sous forme d'images qui rejaillissent ainsi. Tout dépend de ce que l'on a traversé et assimilé au cours de la vie. Des situations parfois très anciennes peuvent prendre une voie symbolique et se manifester par des représentations qui échappent au contrôle de la volonté. L'intérêt réside dans l'ouverture que cela procure.

On peut ainsi dessiner le nœud du problème ou l'élan libérateur qui occasionne un changement au sein de la personnalité. Ce type de dessin comporte une force subliminale qui parle à l'inconscient de celui qui l'a tracé. C'est à la fois son jardin secret et une richesse qui lui appartient.

Est-ce important dans ce cas, de nommer les faits, de préciser l'interprétation, d'intellectualiser à tout prix ? Pas forcément ! Car lorsque le geste qui s'apparente au griffonnage par sa spontanéité, sert ensuite de base à une création, il se produit une sorte d'effet-miroir ou de dialogue avec soi-même. Ce plan subtil réside à la fois dans la force des images créées et dans le fait que le dessinateur est actif. Il a accès aux couches profondes de sa personnalité et intervient lui-même sur une base qu'il a produite au départ. C'est comparable à une porte qu'il a ouverte, une possibilité d'aller plus loin.

Cela met en marche une sorte de processus de transformation qui ne passe pas nécessairement par le conscient. Combien d'actes créateurs contribuent-ils à rééquilibrer l'être dans les périodes de doute, de souffrance ou de recherche sur soi-même ? Il peut s'agir finalement d'une façon positive d'évacuer des souffrances ou tout simplement de se trouver soi-même, de se construire et de s'épanouir. Doit-on en conclure que ce procédé est toujours salvateur ? Probablement pas car l'être humain est suffisamment complexe pour éviter toute généralisation.

Indépendamment de la démarche artistique qui présente l'intérêt de libérer une dimension intérieure, les dessins qui résultent de l'acte pulsionnel peuvent être source d'interprétation autant pour le dessinateur que pour celui qui observe. Toutefois, le risque majeur, si l'on souhaite aller trop loin dans ce type de traduction, c'est la subjectivité, celle du dessinateur qui analyse à travers son propre filtre, celle de l'observateur qui projette sa propre vision et va nommer ses propres images.

Ce principe de projection a d'ailleurs été source de recherches en psychologie. L'élaboration de tests, par exemple celui du Rorschach, n'est pas très éloignée de ce concept. Il s'agit en résumé de taches d'encre pour lesquelles on doit donner spontanément son interprétation. Il convient de dire tout simplement ce que cela évoque pour nous (une silhouette, un objet, un animal…). Le conscient, la personnalité, orientent les perceptions immédiates que nous avons. Les taches abstraites sont identifiées. Elles prennent un nom. Notre imaginaire les transforme et leur attribue d'office une autre réalité. Selon la personnalité, on aura tendance à y voir des silhouettes humaines, des formes inanimées, des plantes… L'association d'idées révèle l'inconscient. Il nous est possible par le geste spontané de laisser émerger ce qui est enfoui.

Dessiner ainsi avec autant de liberté, est-ce aussi facile qu'il y paraît ? S'offrir une possibilité de parcours intérieur, décider de « laisser monter un élan spontané » dans cette optique de création, est-ce faisable pour tout le monde ? Ces élans pulsionnels qui vont permettre la création, naissent d'une disposition d'écoute vis-à-vis de soi-même, à condition de pouvoir instaurer tout d'abord, un état de vacuité. Ressentir et traduire en geste ce qui vient « de l'intérieur », peuvent être un acte très naturel ou très difficile selon les personnes. Cela demande avant tout de se mettre dans une attitude sans a priori et de laisser sourdre sans crainte l'élan qui va naître indépendamment de toute réflexion. Cette démarche implique de ne rien juger, de ne pas chercher à définir de valeurs telles que « c'est beau » ou « c'est laid » ou « cela ne ressemble à rien ». Il s'agit plutôt de laisser vivre l'être profond sans rien brimer.

Ce concept, est au cœur de la question qui nous intéresse puisqu'il propose de « laisser naître » ce qui est enfoui. Dans le même temps, il opère sur un mode inverse de celui qui incite à griffonner puisqu'il est volontaire. Des peintres de renom ont exprimé les figures primordiales qui sont au cœur des grands symboles. Calder, Miró et d'autres artistes en ont tiré parti.

Ce processus, qui est parfois voulu et recherché sciemment par l'artiste, naît spontanément chez le griffonneur. Son attitude sans intention particulière laisse émerger des formes symboliques qui « viennent toutes seules ». D'ailleurs, celui qui griffonne parce qu'il en ressent le besoin, a peut-être accès plus facilement que l'artiste, au réservoir d'images ou de connaissances qui sont présentes dans l'inconscient.

Cela s'explique par le fait que la démarche du peintre est formalisée. En fait, c'est parfois après un long parcours académique, que l'artiste apprend en quelque sorte à… désapprendre. Il laisse sourdre ainsi des compositions basiques qui sont de l'ordre des archétypes, ces images primordiales et universelles que chacun porte en soi.

Dans l'œuvre artistique, spirales, cercles, rayonnements solaires apparaissent curieusement avec un mélange de liberté mais aussi de structure qui leur assurent une cohérence. La résultante n'est pas uniquement une forme ni une couleur, mais bel et bien un rythme, une dynamique qui se dégage de la matière et qui se situe aux confins des énergies primordiales de la vie. Dans cette optique, le sculpteur Calder disait vouloir s'affranchir de la pesanteur et gagner ce qu'il appelait « le grand espace », c'est-à-dire le cosmos. « Les formes circulaires, disait-il, particulièrement lorsqu'elles s'interpénètrent, me paraissent avoir une sorte de sentiment cosmique ou universel ».

C'est ce qui apparaît dans les formes cadencées qui sont présentes par exemple dans les créations du peintre Paul Klee. Cet artiste a parfois tenté d'intellectualiser l'impression que la courbe ou la droite peuvent nous procurer. Dans cette recherche, le peintre a considéré que le tracé de la courbe se veut douce et amicale, alors que le trait droit est plus offensif et limitatif, ou même évocateur de conflit.

De ce fait, l'association plus ou moins harmonieuse des deux tracés (formes arrondies et linéaires), contribue à éveiller pour chacun de nous, une impression et un sentiment. Notons que les explications toutes intellectuelles qu'elles soient ne sont pas en contradiction, bien au contraire, avec l'analyse du geste instinctif du petit enfant qui fait une trace sur le papier ni avec le gribouillis de l'adulte qui libère ses tensions ainsi que ses émotions.

Les formes épurées se retrouvent dans certains paysages griffonnés sans recherche esthétique volontaire. Le tracé non prémédité traduit à la fois une valeur qui peut être universelle comme tente de le faire l'artiste dans sa quête, et une dynamique personnelle, propre à l'individu. On pourra y trouver, comme l'a décrit le philosophe Bachelard, différents degrés de projection de soi-même c'est-à-dire concret, psychologique ou spirituel.

Ceci vaut pour toute représentation qui privilégie les forces primordiales de la nature, par exemple la pierre qui représente la solidité ou le feu, qui est un indice de création dans toutes les civilisations. Le symbole cosmique présent dans l'œuvre artistique n'a pas toujours uniquement cette belle dimension. Il peut manifester les énergies de l'univers. Mais il traduit aussi l'expression de l'ego parfois dans tous ses états, des plus extrêmes au plus ordinaires, des plus violents aux plus délicats. Les griffonnages comportent également ces différents niveaux du fait qu'ils relatent souvent des préoccupations bien concrètes, ou qu'ils manifestent au contraire une quête d'un autre ordre.

La terre et le feu par exemple, peuvent se décliner dans des registres fort différents. On y trouvera à chaque fois, une palette de sentiments divers. Même si ces derniers sont régis par un élément similaire, ils divergent par leur intensité et par ce qu'ils réveillent dans la psychologie d'un individu. L'œuvre de l'artiste autant que le griffonnage anonyme en révèlent la symbolique. Il s'agit toujours de l'esprit humain et de la sensibilité d'une personne.

La montagne, le sable, ont un point commun. Le feu du volcan ou celui de l'âtre n'ont pas les mêmes valeurs et ne traduisent pas les mêmes ambiances. Dans les griffonnages, les montagnes apparaissent soit seules soit plus ou moins intégrées à des paysages. Elles s'apparentent au symbolisme de la pierre. Ce sont des forces solides mais également la traduction des difficultés qui bouchent l'horizon. On dit bien « en faire une montagne ». Dans cet exemple, pour situer la tonalité du psychisme qui a produit ce dessin, on observera la route qui confère éventuellement quelque chose de grandiose ou qui par ses lacets tortueux exprime l'ascension difficile au fil de la vie. La pierre par elle-même prend une valeur différente lorsqu'il s'agit d'une pierre taillée par l'homme, celle qui sert de base pour bâtir sa maison, ou des pierrailles désertiques qui rendent le chemin douloureux.

Le sable peut avoir valeur d'éternité. Il naît de l'érosion du temps, couvre le fond de la mer et les espaces terrestres qui confrontent l'homme à lui-même et à la mort. L'image du sablier comporte cette idée, du temps qui s'écoule de façon inexorable. Dans les griffonnages, il peut signifier une attente qui n'en finit pas, le fait qu'on attende son heure, ou que l'on aspire (ou craigne) la fin d'une étape de vie. Pour le peintre ou le griffonneur, c'est le contexte du tableau ou parfois les paroles de celui qui gribouille, qui donneront la clef à l'analyse. Un symbole cosmique ou métaphysique peut fort bien avoir plusieurs niveaux d'interprétation simultanés. Ces valeurs ne se contrecarrent pas mais elles se recoupent parce qu'elles manifestent à la fois des interrogations bien pragmatiques et des questions sur la vie ou sur la destinée.

De même les grandes forces de l'univers telles que le feu, peuvent prendre corps par le dessin du volcan par exemple. Celui-ci aussi impressionnant soit-il évoque les énergies primitives mais aussi les pulsions qui sommeillent et qui peuvent se réveiller dans une explosion destructrice. Le volcan tout comme d'autres grandes figures qui animent les paysages, comporte une polyvalence dans les significations qu'il représente. Il peut s'agir autant de la pulsion sexuelle que d'un tempérament colérique ou d'une situation potentiellement explosive.

Le feu bien canalisé dans l'âtre, dans la cheminée autour de laquelle on se rassemble, évoque une ambiance toute différente. Il peut s'agir tout simplement d'un idéal de foyer, d'une volonté de rassembler. La signification sexuelle n'est pas exclue. Cette idée apparaît par l'association des flammes dont le dessin peut être phallique avec la cheminée qui par son ouverture symbolise le féminin (comme tous les contenants). À l'inverse du volcan qui traduit les passions, ici il s'agit du désir de contrôler et d'harmoniser ses pulsions car le feu dans l'âtre est domestiqué.

Par contre le dessin d'une flamme isolée, un peu comme un flambeau, représente plus volontiers la flamme pour laquelle on brûle, qu'il s'agisse du feu intérieur, de la passion pour une idée ou pour un idéal ou d'un désir de croissance sur un plan général. On prend souvent l'image de la flamme comme un symbole de perpétuation des idées (la flamme sur la tombe du Soldat inconnu, la flamme des Jeux olympiques).

Les grands symboles, le feu, la terre, l'eau, qui sont présents dans la création artistique, sont souvent agencés dans des compositions complexes qui valorisent ou, au contraire diluent leur signification. Par contre, dans le gribouillage de l'adulte, ces représentations sont souvent hors contexte, sans ajout, sans mise en scène, ce qui ne fait que valoriser la signification du symbole par lui-même.

Les gribouillis des personnes douées pour le dessin peuvent-ils se soumettre au même type d'analyse que les autres ? Certes, ils sont plus délicats à analyser car le besoin d'esthétique, le réflexe artistique, interviennent et peuvent gêner la spontanéité inhérente au griffonnage. Toutefois, certains thèmes reviennent systématiquement et ne sont donc pas dus au hasard. De plus les agencements, les constellations ont une signification, par exemple le fait de privilégier des animaux, ou des objets ou des formes géométriques. L'utilisation de l'espace garde la même signification (le passé pour la gauche, l'avenir pour la droite). Les insistances, les traits repassés, les noircissements, sont autant d'indices qui traduisent une volonté particulière ou une anxiété.

Par ailleurs, des personnes douées pour le dessin simplifient parfois à outrance certains dessins et savent aussi griffonner sur un mode impulsif. L'analyse de ces productions requiert toutefois de la prudence car il est nécessaire de faire la part des choses entre l'acquis et la spontanéité. Une fois cet écheveau démêlé, les bases d'observation et de recherche sont identiques.

GRIFFONNAGE ET ÉVOLUTION

GRIFFONNAGE ET ÉVOLUTION

GRIFFONNER est un acte libérateur. Ce geste aurait-il une action cachée ? Peut-on le considérer comme salutaire ? L'observation nous montre qu'il accompagne les variations d'humeur. Il révèle une personnalité et les phases d'évolution que celle-ci traverse. Plus ou moins nécessaire ou même impérieux pour certaines personnes, il fait partie dans tous les cas d'une expression de soi-même. Il est parfois irrésistible pour le dessinateur.

S'exprimer contribue normalement à épanouir la personnalité dans la mesure où cela permet d'éviter la cristallisation d'attitudes négatives. Par exemple, dans des situations difficiles, griffonner canalise l'agressivité. L'agitation et la tension psychique se libèrent sur le papier. Dans ce type de circonstances, cette activité procure toujours un certain apaisement. Certains sont parfois choqués de voir une personne griffonner lors d'une situation dramatique ou dans un contexte qui requiert toute son attention. Par exemple dans une réunion décisive, avant une prise de parole importante ou pendant le déroulement d'un procès.

Il arrive que l'intensité ou parfois l'impertinence du griffonnage soient à la hauteur du stress encouru. Prenons pour exemple la figure 64, dans laquelle le romancier suédois August Strindberg se propose de faire sauter le roi Oscar II, à la suite d'un procès en diffamation dont il fut acquitté. Selon la rumeur, c'est le monarque lui-même qui aurait été à l'origine des accusations. Strindberg, indépendamment de son talent d'écrivain, était réputé pour avoir un tempérament explosif. Nul doute que ce griffonnage n'a pas changé ce révolté en citoyen paisible ni placide ! Par contre la colère qui « sort » dans le dessin fait moins de ravage que si elle était « rentrée ».

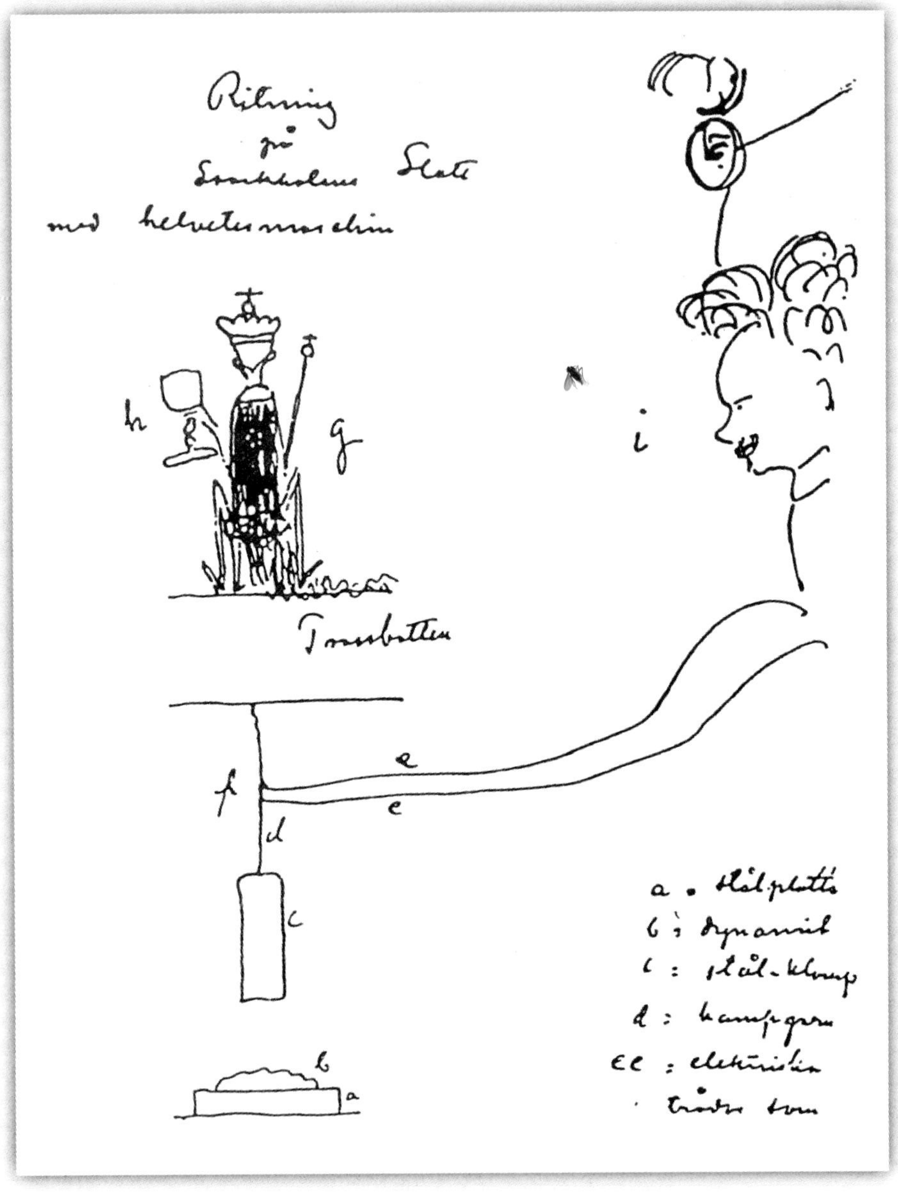

Fig. 64 – *Dans un accès de colère, l'écrivain suédois August Strindberg, se dessine en train de préparer de la dynamite pour faire sauter le roi Oscar II.*

L'acte de gribouiller participe à l'adaptation de l'être dans des situations qui comportent des difficultés sur le plan émotionnel. Il a une fonction apaisante. Il contribue à évacuer les tensions. Il libère de la nervosité, il participe à évacuer de l'anxiété. Dans l'expectative d'une réponse ou d'une nouvelle redoutée, le griffonnage conjure le stress. Il facilite l'attente. Lorsqu'il a cette fonction rééquilibrante, son action est positive en évitant la déperdition d'énergie. C'est une aide pour se recentrer et pour garder le fil conducteur de ce qui est important pour soi. Il permet donc de rassembler ses idées.

Peut-on en conclure pour autant que l'acte de gribouiller a une portée thérapeutique efficace ? Certes, il est peu probable que le griffonnage par lui-même transforme radicalement une personnalité. Par contre, il en est le miroir car il renvoie inconsciemment le griffonneur à lui-même. De même qu'un carnet intime sert à livrer ses secrets et à y réfléchir, de même, le griffonnage a une portée sur le plan du subconscient.

Certes, lorsqu'on griffonne, on ne se pose pas de question spécifique sur les traits que l'on dessine. On suit son instinct, on débride son imagination. Pourtant, d'une certaine façon, ce que l'on produit nous revient et instaure une sorte de dialogue intérieur (peut-être parce que c'est essentiellement visuel). En effet, il n'est pas exclu que chacun ait une perception subconsciente des représentations ainsi créées. Cela peut être source de transformation sur un mode sous-jacent.

Même s'il s'agit du langage de l'inconscient, peu facile à déchiffrer pour celui qui n'en possède pas la clef, le tracé est souvent d'une telle force symbolique qu'il contribue aux prises de conscience. L'inconscient manifeste le problème avec une telle acuité, que cela ponctue quelquefois les grandes transformations de la personnalité. N'oublions pas que le dessin est produit par et pour celui qui le trace. Il est comparable à un véritable langage intérieur qui accompagne les méandres de la personnalité et parfois les interrogations sur l'existence. Ce tracé qui demeure intime est surtout destiné à n'être vu que par son propre auteur. D'où la force symbolique qui émerge de certaines représentations.

ÉVOLUTION OU RÉGRESSION

Dans la mouvance des transformations qui s'opèrent au fil de la vie, peut-on situer les périodes de progrès intérieur ou les attitudes de régression ?

Si nos réactions se posaient tout simplement en comportements constructifs ou négatifs, il serait aisé de trancher cette question. Cependant, toute situation suffisamment importante pour mobiliser les énergies d'une personne, réveille en même temps des émotions, des désirs, des craintes ou des pensées contradictoires.

Il faut parfois peser le pour et le contre, ou prendre des risques, ou tout simplement avoir confiance en soi pour aller de l'avant. Autant d'éléments qui peuvent être source de doute, d'anxiété ou parfois de renoncement. Rien n'est jamais statique. De ce fait, l'évolution d'une personne ou simplement son parcours dans la vie, s'effectuent rarement d'une façon linéaire. De nombreux éléments sont en interférence (les projets, les rencontres, les croyances que l'on a sur soi-même ou sur la vie). Il en est de même dans le tracé des griffonnages. Pour une même personne, on pourra découvrir des formes dynamiques, constructives, des dessins qui expriment de l'audace alors que d'autres gribouillages évoquent le retrait, une tendance à se recroqueviller sur soi-même ou une peur d'aller de l'avant.

Dans ce sens, les phases de régression peuvent être parfois nécessaires, ou même salutaires car elles contribuent à laisser mûrir une idée. Elles peuvent traduire soit un véritable blocage soit une volonté de s'isoler, de se donner du temps avant de reprendre le chemin que l'on s'était fixé. Leur analyse demande donc une certaine prudence.

Certains dessins plus que d'autres, orientent vers une idée de régression. Si les barrières, les grilles, les forteresses, signalent assez clairement des attitudes de fermeture et d'auto-protection, elles peuvent aussi manifester des peurs lorsqu'elles sont noircies, fréquentes voire systématiques, ou envahissantes.

Mais elles correspondent parfois à des périodes intenses de réflexion, d'introspection, d'intellectualité parfois trop poussée en particulier avec les grilles qui prennent forme de quadrillage. L'aspect obsessionnel qui en ressort dans certains cas, peut être névrotique ou ponctuel. Là encore, c'est l'ensemble des sujets représentés par une même personne qui pourra orienter la synthèse.

Par sa notion d'assise, de solidité, d'ouverture et de fermeture, la maison à elle seule offre des réponses à toutes ces questions. Elle apparaît quelquefois sur un mode un peu idyllique, enjolivée de fleurs, de rideaux accueillants et autres accessoires qui contribuent à la rendre sympathique. La maison est à l'image du moi. Elle révèle souvent une attitude devant la vie ou un idéal de réalisation personnel. On observera sa puissance ou sa fragilité, sa simplicité ou ses recoins compliqués à l'image d'une personnalité tourmentée.

Les fenêtres en particulier racontent la façon de voir le monde, avec ouverture et curiosité lorsqu'elles sont grandes ou avec circonspection lorsqu'elles sont minuscules. Quant aux volets bien fermés, ils traduisent le secret mais aussi une attitude de fermeture. Reste à savoir s'il s'agit de misanthropie, de déception passagère ou d'un terrain dépressif. Là encore, la tonalité des autres graphismes devrait orienter l'analyse.

La cheminée a parfois une allure phallique et une connotation sexuelle mais ceci n'est pas systématique. Elle peut aussi, tout simplement avec sa fumée, signifier le bien-être du foyer. Son orientation vers la gauche ou vers la droite trahit une attitude de nostalgie dans le premier cas ou une attitude plus concernée par le futur dans la deuxième hypothèse.

Il arrive que la maison disparaisse à moitié derrière des branchages et autres buissons. Cacher, camoufler, peut comporter plusieurs pistes d'explications. Il peut s'agir tout simplement d'une crainte de l'affrontement. C'est un comportement d'auto-protection qui permet en même temps de voir, sans trop se montrer. Une façon discrète de s'affirmer sans trop s'engager.

Il existe bien d'autres façons de fuir les difficultés ou de ne pas affronter ce qui est déplaisant. Les attitudes de fuite se décèlent à la qualité et à la forme des traits et quelquefois par des symboles d'évasion. La montgolfière en fait parfois partie. Elle s'élève au dessus du « quotidien » et permet de survoler le concret en regardant uniquement le bon côté des choses.

Le cerf-volant n'a pas exactement la même signification car celui qui le manie reste bel et bien au sol ; il se tourne vers le ciel mais garde en principe les pieds sur terre ! Il n'est pas du voyage mais ses aspirations s'élèvent vers un idéal. On fera ainsi la différence entre les montgolfières de Sandrine, 40 ans, dont le désir d'évasion s'accompagne de séries d'oiseaux (fig. 65) et le cerf-volant de Léa (fig. 66), 19 ans dont la partie supérieure en carré est enjolivée d'un rayonnement central énergique. Dans ce dessin, il s'agit plutôt d'espérances et de l'envol de projets qui sont en construction (la forme carrée).

Le dessin de Léa ne suffit pas à lui seul, pour préciser s'il s'agit d'une utopie ou d'intentions vraiment réalistes. Ce dernier point n'est pas exclu étant donné le tracé assez rigoureux et équilibré de la partie « céleste » du dessin. Il signale de toute façon une volonté (par les formes anguleuses bien fermes aux coups de crayon repassés avec netteté). Ici, l'énergie qui incite la jeune fille à s'investir est bien présente. Reste à vérifier si les autres dessins signalent une bonne assise et un contact solide avec le sol qui symbolise le concret. Pour évaluer l'évolution ou la régression éventuelle, il convient bien sûr de tenir compte de l'âge. À dix-neuf ans, Léa est pleine d'espoir et capable d'élaborer un idéal même si les moyens lui manquent pour optimiser l'aspect matériel. Elle aspire à épouser une carrière artistique et à faire du théâtre de façon professionnelle.

Fig. 65 – *L'imagination fait gonfler ces ballons qui sont en fait des montgolfières. C'est un désir d'évasion.*

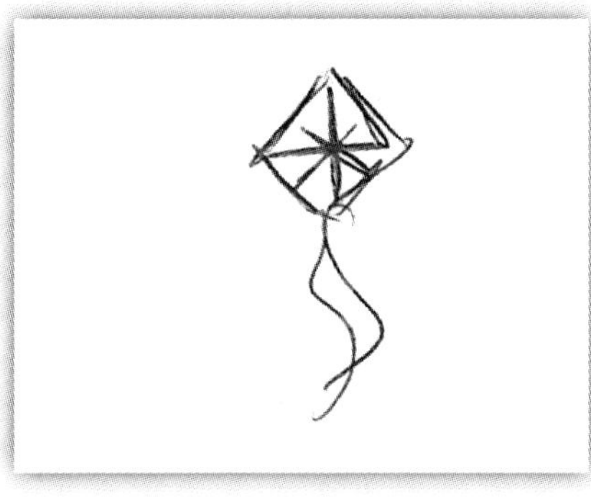

Fig. 66 – *Le cerf-volant de Léa, 19 ans, est à l'image de ses projets, animé de rêve mais aussi de volonté par la forme carrée de l'engin.*

LA LIBIDO

L'énergie qui pousse à s'investir peut s'exprimer sous différentes figures. C'est une énergie psychique, vitale et sexuelle que certains psychanalystes ont nommée la libido. Celle-ci est au cœur de la vie elle-même et peut se manifester dans une action, dans une relation ou dans une création.

Ses représentations symboliques peuvent être multiples. On les perçoit dans l'énergie du tracé, dans la puissance des images, dans le mouvement qui est évoqué. Il peut s'agir autant d'un fleuve, de l'intensité des vagues ou de l'énergie des chevaux. Le serpent qui comporte plusieurs niveaux d'interprétation, est également une image symbolique de la libido, de la sexualité mais aussi des forces ancestrales. Il représente un pouvoir et son image sublimée se retrouve dans le caducée du médecin.

Ce concept qui a trait à la libido mériterait de larges développements, mais en ce qui concerne notre sujet, il participe à la notion d'évolution et de régression. En effet, ces deux attitudes de progression vers l'avenir ou de réticence, sont au cœur de toutes les situations offertes ou imposées par la vie. Bien qu'il ne soit pas toujours aisé de définir comment se manifeste la libido avec quelques griffonnages, on en pressent bien le parcours, les élans, la force, ou les blocages en particulier lorsque des conflits intérieurs obstruent les énergies.

Quelles qu'en soient les diverses représentations (flèches, animaux, feu), les principes de base qui concernent la pression du trait, les directions des formes, sont toujours valables. La libido n'a pas « une » représentation mais on peut dire qu'elle est présente en tout. Elle est la force dynamique ou affaiblie qui sous-tend les différents tracés. Il s'agit surtout d'une énergie psychique et non d'une force qui serait purement physique. Autrement dit, sa manifestation traduit surtout notre relation à la vie, notre façon toute personnelle de faire face, d'assumer ce que l'on traverse, avec les arrêts multiples, ou le besoin de sécurité qui est parfois ressenti.

Les formes en coquille, les gestes courbes qui retournent vers la gauche, les coupoles qui protègent, les grottes qui cachent et qui abritent, sont autant de représentations potentielles de régression. Comme à chaque tentative d'interprétation, on tiendra compte de l'ensemble et même d'une série de gribouillis lorsque cela s'avère possible. On pourra ainsi observer les constantes, l'évolution, voire la résolution des conflits. Cela permettra de situer le symbole dans son contexte. Ainsi, une forme en coquille peut signifier le besoin de s'enfermer dans un cocon, mais selon la tonalité globale, il peut s'agir aussi d'un symbole de féminité et de fécondité.

L'ambiguïté n'existe pas dans les griffonnages de Géraldine, 55 ans, qui sont tous extrêmement énergiques. Son dynamisme et sa passion sont intacts dans tous ses dessins. Cependant, si la libido est forte, elle n'est pas moins affectée par des conflits intérieurs. Cela transparaît dans la figure 67, qui est fort représentative de ses tracés habituels : des flèches intenses qui signalent une puissante volonté d'aboutir et de s'imposer sont associées à des quadrillages qui en arrêtent l'élan. Dans certains papiers, des flèches de grande taille se dirigent vers le bas ce qui signale des colères rentrées et de toutes façons un décalage entre la passion et la réalisation. Il peut s'agir d'interdits qu'elle se met, de frustrations ou d'une forte dualité entre ce qu'elle veut et ce qu'elle s'autorise.

Il arrive qu'un même document relate à la fois les problèmes ressentis par le griffonneur et la tentative de résolution. Apparaît alors la traduction d'une souffrance ainsi que la recherche d'adaptation. Ce type de composition exprime bien la relation à la vie, les étapes obligatoires avec un seuil à franchir pour être mieux ou pour faire face à des contextes perturbateurs. Il ne s'agit pas forcément de situations extérieures mais parfois de contradictions, ou d'une difficulté à se situer.

Le cheminement qui part d'une problématique pour aboutir à une unité intérieure peut s'exprimer de différentes manières. La diversité peut être aussi vaste qu'il existe de personnes. Le problème représenté n'est pas toujours identifié d'ailleurs par son auteur, car l'inconscient l'exprime sur

Fig. 67 – *Tous les griffonnages de Sandrine sont très énergiques. Les flèches en tous sens montrent un désarroi et des frustrations, sans freiner pour autant la puissance d'affirmation.*

un mode symbolique, alors qu'il serait parfois difficile ou impossible pour lui, de le verbaliser.

Comment percevoir la traduction de ces hésitations, des troubles, des perturbations de ce type ? La dualité est une des premières représentations annonciatrices de conflits intérieurs et de doutes, autant d'éléments qui vont précéder une prise de décision. Ces dualités apparaissent de différentes façons. Il peut s'agir de symétries assorties de tracés anxieux (des noircissements ou des formes répétitives). On peut rencontrer également des mouvements contradictoires, des agencements qui annihilent leur propre dynamique. La notion d'opposition peut en faire partie.

Par exemple dans les dessins de Robin, 15 ans, apparaissent des flèches au traits repassés mais elles se font face en sens inverse. Autrement dit, leur dynamique est contrecarrée. Cela apparaît dans la figure 68. Ce dessin est investi de tensions psychiques et d'une forte dualité. Cela évoque un conflit qui est intériorisé mais qui n'en est pas moins fort pour autant. Cette caractéristique est assortie d'un personnage masqué, recouvert voire emmailloté comme une momie.

Cette particularité attire l'attention sur des questions qui ont trait au corps, à l'identité, au secret ou sur des interrogations liées à la sexualité, d'autant plus que le bâton fléché se termine en bas par une intrusion sur la page de cahier avec une boule noircie, de même pour le coin en bas à gauche. Autant de répliques qui signalent que Robin a un fonds de nervosité, avec des questions qui le troublent et pour lesquelles il est seul à chercher une solution. À la même période, il trace une construction particulière faite d'un cercle spiralé, associé à un carré qui contient un triangle, surmonté par une forme triangulaire. Cette géométrie est bien construite mais elle n'est pas figée. C'est une structure solide et équilibrée. Elle montre que le jeune garçon cherche à unifier les émotions qui le troublent et à faire face à ce qui le perturbe. Cette image unificatrice fait partie des archétypes et signale que Robin sent intuitivement ce qu'il doit être et devenir.

Fig. 68 – *Les flèches en direction opposées signalent un conflit qui est source de réflexion et de recherche d'équilibre. La figure géométrique en bas de page est prometteuse à cet égard.*

Il n'est pas anormal de déceler des figures troublantes dans les griffonnages. Les dessins qui ont une teneur dramatique ou dépressive, sont parfois un exutoire, une façon de libérer l'angoisse. En principe, cela s'inscrit dans des phases évolutives. Car les griffonnages se modifient au fil de la vie. On peut aussi traverser de longues périodes sans s'y adonner puis y revenir à d'autres moments. Il n'y a pas de règles en la matière et il serait tout aussi dangereux de vouloir codifier ce domaine que de prétendre y déceler des anomalies.

Parfois une recherche d'unité se manifeste par des symétries dont la valeur est positive si cela comporte une dynamique (à l'inverse d'un équilibre qui serait trop parfait voire rigide). Sinon c'est la dualité et la division qui prennent le pas. À moins qu'il ne s'agisse d'un cap à franchir, ce qui peut être représenté par le dessin d'un pont, avec le passage symbolique à opérer pour investir ou découvrir ce qui se passe sur l'autre rive, c'est-à-dire une autre partie de la vie.

La recherche de soi passe par des étapes qui sont parfois représentées de façon explicite, par exemple le dessin d'un carrefour lorsqu'on se sent véritablement « à la croisée des chemins ». L'inconscient exprime ainsi la nécessité de coordonner plusieurs tendances qui ne sont peut-être pas encore en harmonie. Il s'agit alors d'intégrer sinon quatre aspects de nous-mêmes, du moins plusieurs plans qui peuvent engendrer de la dispersion ou un sentiment de division si on en reste là. C'est le pressentiment qu'il est nécessaire de s'unifier, de mettre en œuvre une conduite qui va assurer un centre de gravité.

Le mandala a été évoqué dans cet ordre d'idée mais cette image n'est pas la plus fréquente. Cela s'explique du fait que son apparition se produit lorsque la personnalité acquiert une certaine maturité et lorsqu'elle commence à concilier ses différentes tendances dans un processus d'unification. Les signes précurseurs peuvent être de toutes sortes avec comme points communs, une recherche pour associer les contraires.

Les griffonnages évoluent parfois au sein d'une même journée. Ils changent au cours de la vie mais ils comportent des constantes selon le tempérament de son auteur. Leur forme, leur esthétique, et plus profondément, leur signification se modifient selon le parcours intérieur et les transformations qui s'opèrent sur le plan intérieur.

CONCLUSION

CONCLUSION

Du délassement à l'ironie, du concret à l'abstrait, tous les griffonnages ont un sens. Ils relatent ce qui se trame, ce qui est en gestation au cœur de l'être. Ils manifestent les valeurs, les préoccupations et les étapes de dénouement, parfois avant même que cela n'émerge clairement à la conscience. Par le tracé et le choix de leurs motifs, ils anticipent l'expression des désirs ou les tournants de la vie. Les gribouillages mériteraient sans doute plus d'attention dans le parcours thérapeutique car ils ponctuent les crises et les phases de résolution.

Dans la vie de tous les jours, leur spontanéité libère le mental, exprime un sentiment. Les gribouillis tracés en toute liberté sont une porte ouverte sur l'inconscient. Ils rendent possible l'émergence de l'imaginaire, ils répondent à un besoin d'évasion. Ils stimulent l'inspiration.

Qu'ils servent de soupape ou qu'ils aident au recueillement, ils participent à la vie psychique, ils ponctuent des moments forts ou accentuent la disponibilité. Tel un miroir, ils offrent parfois une réflexion en ricochet qui fait naître des prises de conscience ou qui fait jaillir un potentiel de création.

INDEX DES DESSINS DE CÉLÉBRITÉS

BARTHES Roland, 20.

COLETTE, 130.

DESNOS Robert, 110.

DUBILLARD Roland, 88, 110.

HUGO Victor, 17, 37, 38.

MÉTAYER Alex, 126.

MICHAUX Henri, 29, 30, 33.

NIN Anaïs, 121.

PEREC Georges, 119.

SAINT-SIMON, 41.

SMITH Stevie, 43.

STRINDBERG August, 160.

TOLSTOÏ Léon, 42.

VIAN Boris, 112.

INDEX DES SUJETS

Araignée, 113.
Arbre, 24.
Bateau, 59, 115.
Bouche, 120.
Canard, 133.
Carré, 16, 91.
Cercle, 79.
Cerf-volant, 164.
Chat, 128.
Cheminée, 154, 163.
Cheval, 111.
Chien, 111, 128, 132.
Clown, 123.
Cœur, 109.
Créneaux, 96.
Croix, 39, 99.
Damier, 94, 117.
Éléphant, 132.
Échelle, 50.
Escargot, 111, 129.
Étoile, 139.
Fenêtre, 163.
Feu, 154.
Flamme, 154.
Flèche, 98, 166, 167, 169.
Fleur, 71, 113, 117, 135.
Forteresse, 162.
Girafe, 133.
Labyrinthe, 105, 125.
Larmes, 39.
Lune, 140.
Maison, 142, 163.
Mandala, 25, 142.
Montgolfière, 164.
Nez , 125.
Œil, 123.
Oiseau, 164.
Palmier, 139.
Personnage, 109, 120.
Pierre, 153.
Pont, 171.
Poussin, 129, 131.
Pyramide, 78.
Rat, 131.
Rectangle, 91.
Sable, 154.
Sablier, 154.
Sac, 115.
Sapin, 139.
Serpent, 129, 133, 166.
Soleil, 139.
Souris, 111.
Spirale, 16, 84.
Triangle, 103.
Tortue, 129.
Volcan, 154.
Volet, 163.
Zigzag, 101.

BIBLIOGRAPHIE

BARTHES Roland. *Écrivains de toujours*. Éditions du Seuil.

BECKS-MALORNY. *Vassili Kandinsky*. Éditions Taschen.

BERNSON Marthe. *Du gribouillis au dessin, évolution graphique des tout-petits*. Delachaux et Niestlé.

BRIL Jacques. *Petite fantasmagorie du corps*. Éditions Payot.

BRUN Anne. *Henri Michaux ou le corps halluciné*. Institut d'édition Sanofi-Synthelabo. PUF

CORMAN Louis. *Le gribouillis, un test de la personnalité profonde*. PUF.

HARTJE Hans, MAGNÉ Bernard, NEEFS Jacques. *Pérec Georges. Cahier des charges de «La vie mode d'emploi»*. Zulma.

JUNG C.G. *L'homme et ses symboles*. Robert Laffont.

LENGLET Roger. *Le griffonnage, esthétique des gestes machinaux*. Éditions F. Bourin.

LEROI-GOURHAN André. *Les religions de la préhistoire*. PUF.

LEROI-GOURHAN André. *Le fil du temps*. Éditions du Seuil.

MARC Varenka et Olivier. *Premiers dessins d'enfant*. Editions Nathan.

MARCADE Jean-Claude. *Calder*. Éditions Flammarion.

MARKALE Jean. *Les trois spirales. Méditation sur la spiritualité celtique.* Éditions La table ronde.

PICON Gaétan. *Victor Hugo. Le soleil d'encre.* Éditions Gallimard.

PIERRE Arnauld. *Calder, la sculpture en mouvement*. Éditions Gallimard.

TOMATIS Alfred. *L'oreille et le langage*. Éditions du Seuil.

VINCHON Jean. *La magie du dessin, du griffonnage automatique au dessin thérapeuthique*. Desclée de Brouwer.

TABLE DES MATIÈRES

INTRODUCTION 9

L'ARCHAÏSME DES FORMES 15

– Le tracé, parcours secret du rythme . 21

– Les archétypes 24

– Genèse du geste graphique 28

– Griffonnage et inspiration 35

LES PRINCIPES DE BASE 47

– L'utilisation de l'espace 47

– Le haut et le bas 49

– La gauche et la droite 51

– Les dessins débordants 55

– Expansion et recentrage 61

– La qualité du trait 64

LES DESSINS ABSTRAITS 69

– Le test du gribouillis 73

– Les formes géométriques 78

LES DESSINS FIGURATIFS 109

– Les formes humaines 120

– Les animaux 128

– Les paysages 135

L'ÉLAN SPONTANÉ ET LA CRÉATION__ 147

GRIFFONNAGE ET ÉVOLUTION . . . 159

– Évolution ou régression 162

– La libido 166

CONCLUSION 175

INDEX DES DESSINS DE CÉLÉBRITÉS__ 176

INDEX DES SUJETS 177

BIBLIOGRAPHIE 178

Achevé d'imprimer en avril 2003
sur les presses de la Nouvelle Imprimerie Laballery
58500 Clamecy
Dépôt légal : avril 2003
Numéro d'impression : 304028

Imprimé en France